教育孩子要懂的心理学

万莹——编著

吉林文史出版社
JILINWENSHICHUBANSHE

从出生到读完小学，是孩子人格、品质、行为方式形成的关键时期。这一时期，孩子可塑性非常强，如果给他的大脑中输入乐观、勇敢、有礼貌、知识无价、人生美好等概念，那么这些优良的品质与思想，就将伴随孩子的一生，令其受益终生；而如果此时将狭隘、自私、懒惰、学习很苦、社会黑暗等概念输入孩子的大脑，那么这些不良的品质与思想以后就很难改变，也必将伴随孩子的一生。从出生到读完小学，是各种能力发展、素质提升的基础时期，基础打好了，中学、大学乃至成年后的职业生涯都会很顺畅。

遗憾的是，不少父母对教育孩子感到力不从心。有的父母，他们想当然地按照自己的想法教育孩子，可最后发现孩子越来越难教，越来越不听话，于是，他们的教育方法就升级了—— 呵斥孩子，甚至是打骂孩子，结果可想而知。有的父母不惜血本儿把孩子送进各种名气很大的艺术班，并且花重金把孩子送到一流的幼儿园、一流的学校，希望孩子样样都好，可到头来孩子特长、才艺、学习成绩却没有一样突出的，甚至还产生抵触心理，变得越来越叛逆。为什么父母用心良苦、付出颇多，教育的结果却与初衷背道而驰呢？究其原因，就在于父母没有真正走进孩子的内心。孩子是一本无字的书，父母在解读孩子的成长问题时，应该从心灵入手，而非单纯地从行为入手。教育实际上是一门动心艺术，父母应该懂得教育孩子的心理学。孩子的内心世界，跟成年人是大不相同的。鲁迅先生曾说过："孩子的世界，与成人截然不同，倘不先行理解，一味蛮做，便大碍于孩子的发达。"教育孩子，很关键的一点就是要走进孩子的内心，了解他的心理，知道他在想什么，对症下药，对孩子施以正确的、有效的教育，这样才能培养出卓越不凡的孩子。

本书旨在帮助父母了解最基本的教育学、心理学知识，掌握科学的教育方法、技巧，用心理学的规律去了解孩子，培养出真正优秀的孩子。本书内容贴近现实生活，科学实用，书中收录的一些实例，极具参考价值，是父母了解孩子心理、塑造最棒的孩子不可多得的好帮手。每个孩子都是珍贵的存在，每个孩子都可成为天才，而每个父母都是培养天才的教育家。

第一章

“小行为大心理”，揭开孩子行为背后的心理真相

小孩子的“怪癖好”

这些行为要理解

第三章

“好妈妈就是好导师”，做好孩子的心灵导师

第五章

“梅花香自苦寒来”，不可或缺的逆商教育

第七章

“事倍功半要不得”，爱得多不如爱得对

第一章 <<<<<

“小行为大心理”，揭开孩子行为背后的心理真相

小孩子的“怪癖好”

孩子为什么爱扔玩具

宋梅家的孩子9个月了，最近开始了一个新游戏——扔玩具，见什么扔什么，而且越扔越开心。只要东西拿到手上，他常常不遗余力地扔出去。宋梅以为是孩子不小心把玩具掉在地上的，于是就弯腰去把玩具捡起来，但是每次刚把玩具还给孩子，他又会用尽力气扔出去。这样反反复复好多次，宋梅这才发现原来是孩子在故意扔东西，于是就不再理他了。可是看到孩子眼泪汪汪地依旧用手指着地上的东西，宋梅只好又一次次地去把玩具捡起来。

很多9 ~ 10个月的孩子都会出现扔东西的情况，妈妈们总是苦不堪言。其实孩子喜欢扔东西并不是他存心捣乱，而是由这个时期孩子的年龄特点决定的，这是一件好事，因为扔东西代表着孩子长大了，他开始了对世界的探索。

儿童心理学家认为，“扔东西”是孩子学习过程中的必经阶段。到了一定的年龄，孩子就会对事物的因果联系非常感兴趣。比如偶然把球扔出去的时候，孩子发现球是滚动的。开始他并不知道是自己的原因引起了球的滚动，但是经过多次的“偶然”，孩子就发现了“必然”，发现原来是自己扔的动作引起了球的滚动。这让孩子意识到自己具有某种力量，并且发现自己和其他物体之间存在着某种关系。同时，在扔东西的过程中，孩子还意识到了自己与动作对象之间存在区别，这是自我意识发展的第一步。而孩子在扔东西后，东西总会掉到地上，并且不同的东西会发出不同的声音或者发生不同的改变，这对孩子来说是很新鲜的体验，于是就有了对世界最初的探索。

另外，孩子总是反复地扔东西也可能是想向大人显示自己的力量，渴望得到大人的表扬。刚出生的时候，孩子的手部动作还不灵活，不能够拿住东西。但是随着个体的发展，他发现自己不仅能够拿东西，还可以把东西扔出去了。这让他异常兴奋，认为自己又学会了一项大本领，所以经常非常高兴地进行多次重复，同时也希望引起爸爸妈妈的注意，给予他表扬。

当然并不是所有的扔东西都是孩子在探索和发现新世界或者显示自己的力量，有时候他们是想向大人传达某些信息。比如当孩子把自己手边的东西扔在地上的时候，可能是因为他发现自己长时间没人关注，于是想吸引家人过来和他一起玩儿；如果他把盖在身上的被子扔在地上，很有可能是告诉爸爸妈妈他热了，父母要细心留意孩子的需求。而在这种扔东西的过程中，孩子和父母之间就建立了“授受关系”，这也为孩子最初的社交活动拉开了序幕。

为了孩子的健康成长，爸爸妈妈应该充分满足孩子“扔”的欲望，为孩子提供扔东西的环境。

当然，当孩子把大人的贵重手表或者手机丢出去的时候，也千万不要发火，因为孩子不像大人那样有“爱惜物品”“不把东西弄坏”的意识。所以，为了防止孩子造成不必要的损失，父母最好把贵重物品或者易碎的东西保管好，放在孩子拿不到的地方，然后可以让孩子玩儿一些不容易摔坏的玩具，比如铃铛、小球等。

但是凡事都有一个限度，在孩子扔东西的时候，父母可以制定一些必要的规矩。例如可以告诉孩子，球可以扔着做游戏，但食物就不能扔在地上。如果你不能花许多时间为孩子捡东西，那么可以让他坐在铺有垫子的地板上，自己去玩儿扔东西。当孩子自己爬过去或走过去把东西拾起来的时候，要及时给孩子鼓励，这样可以避免孩子养成“丢”东西的坏习惯。

孩子喜欢扔东西，父母不必烦心，这只是一个很短暂的过程。当孩子学会正确地玩儿玩具和使用工具后，他的兴趣会逐渐转移到更有趣的活动上，“扔东西”的现象会自然消失。但是如果孩子到了2岁左右，仍然喜欢随意扔东西，那么就应该让孩子改掉这个坏毛病了，因为这个时期已经不再是孩子扔东西的特定时期了。

孩子为什么总是说“不”

妈妈带着刚满3岁的女儿丫丫和她的表哥去踏青，路上，妈妈说：“丫丫，让哥哥拉着你的手走，这样不会摔倒。”丫丫想都没想就很坚决地吐出了一个字：“不！”妈妈听了，就继续劝她说：“哥哥拉着你会很安全的！”丫丫还是倔强地说：“就不！我就不！”于是妈妈就让丫丫表哥主动去牵丫丫的手，这下可把丫丫气坏了，竟然大哭起来，不仅把哥哥的手甩开了，还一屁股坐在地上不走了……丫丫妈妈真是感到很奇怪：“女儿最近怎么总是这样反常呢，这么倔强，情绪也很暴躁，以前那个温顺可爱的女儿去哪里了呢？”

正常情况下，1周岁左右的孩子就已经可以步行甚至小跑，他们使没有妈妈的帮助，也可以去自己想去的地方。与此同开始对各种新鲜事物产生兴趣，思维也逐渐形成，并且开自己的意见。

2岁左右的时候，运动能力、思维方式以及语言能力的发会表达自己的想法和主张。这时候的孩子，任何事情都希，很讨厌大人的帮助，比如洗脸的时候会拨开妈妈的手；子，却偏偏要自己拿筷子吃饭，如果帮他纠正拿筷子的方显得很不耐烦，会大发脾气。

是突然发现原本乖巧可爱的孩子怎么好像变了一个人一妈要求他做什么，他都是一样的回答，“不！”很多妈妈为，还有可能会对孩子大打出手。

在孩子说出“不”的瞬间，妈妈就应该意识到自己的孩子说出“不”说明孩子正在形成自我意识，从此开始逐渐独任何事情都依靠妈妈了。“不”可以说是孩子向妈妈发出的

孩子的独立，妈妈应该高兴并且支持孩子的尝试。当孩子开并且一切都要自己去尝试的时候，妈妈一定不要批评孩子更不能对孩子的失误冷嘲热讽。比如当孩子拨开你的手一定

要自己吃饭，最后却打翻了饭碗时，妈妈千万不能说："非要自己吃，打翻了吧？"这是对孩子独立要求的否定，会延缓孩子自我意识的形成。如果妈妈不顾孩子的想法，总是用命令的态度来对待孩子，这会让孩子感到耻辱，还会磨灭他想独立完成某一件事情的意识，最后的结果只能是父母自己吃苦头。因为如果孩子小时候不能表达自己的主见，到了容易产生困惑的青春期甚至成年后，他可能会因为情绪不能自控而出现更大的问题。

当孩子自我意识形成的时候，他很可能会提出很多无理的要求，这个时候妈妈要怎么办呢？难道就听之任之？当然不是，这就需要妈妈开动脑筋去引导孩子形成好习惯了。比如，当孩子自己不会穿衣服的时候，给他穿上后他又偏偏哭着要脱下来坚持自己穿的时候，妈妈不要训斥孩子是在制造麻烦，而是要表扬他能够自己试着做事情。妈妈也可以不跟孩子说自己的目的，只把孩子放在特定的环境里。比如孩子应该睡觉的时候，妈妈可以直接把孩子抱到床上，这样就可以减少被孩子拒绝的机会。如果孩子仍然大喊："我不睡觉。"妈妈可以说："不是让你睡觉，你可以在床上玩儿一会儿。"

其实父母如果意识到孩子的反抗是长大的体现，每天都为孩子的成长而感到高兴，这样不论抚养的过程多么艰难，父母也不会感到累，反而会体验到看着孩子成长的乐趣。

“人来疯”宝宝心里在想啥

“小麻雀”是王爸爸送给女儿的昵称，这个孩子从小就活泼好动，今年已经4岁了，虽然依然是个小淘气，但是也坐下来安安静静地玩儿玩具或者看看书。爸爸经常觉得女儿长大了，开始懂事了，非常开心。可是，每次带女儿去亲戚家，或者参加婚宴，又或者家里来了客人的时候，小家伙就会马上恢复“小麻雀”的本性，变得特别兴奋，欢呼雀跃，大喊大叫。一会儿打开电视，把音量放到最大；一会儿上蹿下跳，模仿动物的叫声；一会儿又把洋娃娃抱出来，在客人面前玩儿过家家……如果爸爸妈妈制止她这种行为，她反而闹得更厉害。

相信很多家长都遇到过这种尴尬的场面，甚至平时乖巧、礼貌的孩子也不例外，一旦有客人来了就无理取闹、撒野，弄得父母很难堪，不知如何是好。为什么孩子会出现这种“人来疯”现象呢？

儿童心理学家认为，家长的过度溺爱或者严厉的管束都有可能会造成“人来疯”现象。我们知道，现在的孩子大多数都被过度重视，平时就是全家围着孩子转，无限度地满足孩子的一切要求，导致孩子“以自我为中心”的意识特别强。孩子在心里觉得自己的地位“至高无上”，而且已经习惯了这种待遇。但是，当家里来了客人或者到别人家里做客时，父母关注的焦点发生了转移，把主要精力放在招待或应付客人身上了，对孩子的行为和心理状态没有平常那么敏感，孩子一下子感觉到自己从“宝座”上摔了下来，心理落差很大，所以要通过任性、不听话等方法来引起父母、客人的关注，这实际上是在提醒父母：还有我呢，不要把我忘记了。

过度严厉的管束也会引起孩子的“人来疯”现象，平时家长不让孩子与外界接触，孩子就像笼中的小鸟，被抑制了爱玩的天性。如果家中来了客人，而且客人还夸奖孩子活泼，这时候家长又很宽容，不好意思当着客人的面训斥孩子。孩子会敏感地感觉到这种变化，利用这个机会来解放自己。

另外，父母要反思自己的家庭生活是不是过于平静，日复一日，气氛单调，所以有人来做客才会打破往日的平静，给孩子带来强烈的刺激，使孩子发生“人来疯”行为。

那么，面对孩子的“人来疯”，父母应该怎么做呢？

首先，父母应该改善家庭教育方法，平时要多给孩子机会与外界接触，多与人交往，以减少看见客人时的新鲜感。家里有客人来时，让孩子与客人接触，学会问好和招待，使孩子懂得一些待客之道。同时还要注意把孩子介绍给客人，这样可以使孩子感觉到不受冷落，大人们交谈的时候，如果不需孩子回避，就尽量让他参加；如果需要孩子回避，也不要把孩子单独支到一边，可以派出父母中的一个去陪他。

其次，当孩子发生“人来疯”的行为时，家长不要急于改变这种情况，因为直接的说教可能会使孩子产生逆反心理。为了改正孩子的“人来疯”情况，家长应该试着和孩子玩儿在一起，等孩子丧失了戒备心之后，再有针对性地慢慢沟通和解决问题，而不要只是一味地要求孩子改正。

另外，家长在批评孩子的时候，也要注意方法。如果孩子还小，家长应该抓住时机及时教育，让他清楚自己错在什么地方。要对孩子讲清楚，这种行为是对客人的不礼貌，大家都不喜欢。但是最好不要采取过激的态度，因为那样不仅会让客人尴尬，孩子也听不进去。如果孩子比较大了，最好不要当客人的面教训他，因为这时候的孩子自尊心很强，如果当着别人的面批评他，揭他的短，会让他觉得很难为情。

最后，家长也可以利用孩子的“人来疯”，引导孩子在客人面前展示自己的优点和其他特长，出于一种爱在别人面前炫耀自己的心理，孩子在客人面前的表现往往比平时好。

孩子为什么离不开他的旧枕头

2岁的小哲有一个蓝色的枕头，这个枕头从小哲一出生就陪伴着她，小哲非常喜欢这个枕头，时时刻刻都离不开它，甚至有时候去奶奶家过夜也要抱着自己的旧枕头。现在这个枕头的枕套已经破旧了，而且看上去很脏，妈妈就自作主张换了一个新枕套。不料小哲发现之后大哭大闹，一定要原来的那个枕套。妈妈没有办法，只好把那个旧枕套补了一下还给了小哲。

孩子依恋枕头或者布娃娃的行为是一种典型的儿童恋物现象，但是父母不必害怕，因为这绝对不是个别现象，很多小孩子都会出现这样的恋物现象。这种恋物现象与孩子早期的生活是分不开的。幼儿时期的孩子会通过各种感官体验来满足探索世界的需求或者安抚自己的情绪，比如，吸奶嘴、手指是为了满足口腔吸吮的欲望：抚摸被角、毛巾、毛毯、棉布等物品是为了寻找触觉的舒适感。

一般来说，8 ~ 9 个月大的孩子就开始对柔软、触感好的东西表现出强烈的喜爱，比如衣服、毯子、玩具娃娃等。这些物品被称作“过渡期对象”，它们能给孩子带来心理安慰。在孩子的心里或者潜意识中“这些东西就是妈妈，妈妈是我的”。

为什么这些物品被称作“过渡期对象”呢？这是因为此时的孩子正处在离开妈妈、获得精神独立前的过渡状态，如果孩子想要离开妈妈、获得独立，就必须要找到能暂时代替妈妈的东西，而这些东西就是孩子们眼中的“无价之宝”，是无论什么东西都取代不了的。

孩子在睡觉或者承受较大心理压力的时候，会表现得更加依恋这些物品。比如，当孩子身处医院等让他感到害怕的环境中或者是陌生的地方，他就会通过抚摸喜爱的物品来让内心安定下来。

通常情况下，孩子在 4 岁左右注意点发生转移，对过渡期对象的需求也就不会那么强烈了。在孩子 4 岁前强行阻止恋物行为会给孩子造成压力，因此是不可取的。

如果孩子长大之后依然有恋物行为并且还出现了性格孤僻、不善交际和忧郁敏感的情况，这就要引起爸爸妈妈的注意了。因为只有当孩子与父母没有形成良好的依恋关系时，他才会对一件物品产生病态的依恋。如果孩子对父母的信任感减弱，孩子的恋物行为就会变得更严重。这时候父母要去请教专业的医生，并且要为孩子准备“迁移载体”，使孩子无法对依恋物“专情”。当然，最重要的是加大对孩子的感情投入，增加与孩子的接触和互动，让孩子形成安全感。修补好出现问题的亲子关系才是解决孩子病态恋物癖的根本。

如果孩子只是单纯地依恋某件物品，并没有出现性格上的缺陷，那么父母其实也没有必要紧张，只要不对孩子的生活、工作、社交产生巨大影响，父母也没有必要强行制止这种行为，因为那可能只是孩子形成了一种习惯而已，并不是心理问题。

比“网瘾”还可怕的“考试瘾”

东辉是海口一所重点高中高二的学生。他家离学校很近。每天放学后，匆匆吃完饭，他就钻进自己的卧室开始学习。一般情况下，他都会学习到凌晨两三点，早上五六点又起床准备去上学。妈妈看他这样拼命，总是劝他注意休息，但是无论怎么说都无济于事。他的爸爸还很骄傲地跟别人说：“我们家孩子太爱学习了，不让学还很生气。”

东辉的这种学习状态可以追溯到初中的时候。那时，东辉经常考全班第一名，但他对此很不满意，他一直以考全市第一为目标，对于学习丝毫不懈怠。上初三时，为了考上最好的高中，东辉开始了更加疯狂的学习。初三本来就很紧张，所以东辉的妈妈没有太在意孩子的这一做法，但上了高中后，东辉仍然如此拼命，甚至在暑假期间，他仍然每天都发奋学习。他对自己的要求是，高一就要把高中三年的知识学完，保证自己在这所全国重点高中拿第一。他妈妈当时觉得苗头不对，想带东辉去看心理医生，但东辉的爸爸反对，他认为这是孩子太爱学习的原因，不能批评，更不容另眼看待。

后来，东辉这个高二的孩子日渐瘦弱，但神情显得过于亢奋，终于有一天承受不住，住进了医院。

目前的应试教育压力极大，学生们容易对上学和考试产生消极抵触心理，这很容易理解，而像东辉一样，强迫自己超负荷学习，最终导致身心崩溃，这就属于不太正常的心态了。因为人天生就有“趋利避害”的心理机制，它包含两方面内容：人会对来自外界与自身的压力和不利因素本能性地进行反抗和逃避；人会对自己想要的东西有着本能性的向往，想占有，想获得，并且会采取一定的行动来实现它。这是一种健康的心理机制。

对东辉来说，学习的压力很大，正常的心理反应应该是逃离这种压力，或是调节心态，尽量减轻压力和心理负担。而东辉却恰恰相反，他不仅主动去接近这种压力，甚至强加给自己更大的压力，这实际上是一种“趋害避利”的心态，是一种不健康的心理机制。东辉的这种“瘾”并不是“学习上瘾”，而是“考试上瘾”。学习上瘾的孩子，享受的是知识带来的快乐，而“考试上瘾”的孩子所追求的不是知识带来的快乐，而是家长、老师等外部世界的奖励和认可。

家长常常会害怕孩子染上“网瘾”，但很少有人会担心孩子有“考试瘾”，甚至有些家长还希望孩子能有“考试瘾”，认为只要孩子喜欢考试，他就会喜欢学习，就能学到更多的知识了。其实，这种“考试瘾”甚至比“网瘾”还害人。网络成瘾的孩子，在心理机能上基本上是正常的。这些孩子染上“网瘾”的原因通常是在家里感受不到父母的爱，父母给的压力太大或者在学校得不到老师的关注，所以这些孩子本能地产生“趋利避害”的心理，逃离家庭和学校，进入网络世界寻找温暖；而染上“考试瘾”的孩子则颠倒了这种本能，他们几天没考试、不学习就非常难受，这是不正常的心态，干预起来也比较困难。在孩子的成长过程中，如果任由这种心理状态发展下去，他最后很容易会成为偏执型人格。成绩将成为他精神上的唯一支柱，一旦这个支柱坍塌，孩子就有可能走向精神分裂。

要防止孩子染上“考试瘾”，聪明的妈妈首先要懂得把孩子的成绩看淡些，不要只根据孩子成绩好坏奖罚孩子。孩子取得了好成绩，那种开心的心情就已经是最好的奖励了，父母完全没有必要再画蛇添足地给予孩子很多外部奖励。外部奖励太频繁，孩子内心的喜悦就会被夺走，最终孩子的学习动机也会变得很不单纯。当然孩子没有取得好成绩的时候，家长也不应该责骂，而是应该给予理解。

此外，妈妈要鼓励孩子多发展其他的爱好，或者让孩子适当地参与家务劳动，总之，不要让孩子把追求好的学习成绩当成是人生唯一的任务。只要学习成绩不是孩子唯一的精神支柱，孩子就不会染上“考试瘾”了。

孩子得了“多动症”怎么办

5岁的明明是个很难管教的男孩。他几乎没有一刻安静的时候，总是动来动去，即使是在房间里，也总是不停地跑跑跳跳，不是撞到茶几，就是打翻杯子。他出门之后再回家，腿上总是青一块儿紫一块儿的，连自己都不知道是什么时候磕的。他吃饭的时候也不老实，总是扭来扭去的，不能安静地吃东西。连睡觉的时候，他都在不停地动，一会儿踢开被子，一会儿把枕头弄到地上。

明明的妈妈听人说，得了多动症的孩子就是这样“屁股长钉子”，怎么也坐不住，因此她觉得孩子患上了多动症。但是医生说，孩子只是活动量过大而已，并没有得多动症。

那么，什么是多动症呢？它和活动量过大有什么区别呢？

活泼好动是儿童的天性，也是他们的可爱之处。但是日常生活中有些孩子不是活泼好动，而是不听家长、老师的劝阻，不分时间、地点地乱动乱跑，这些儿童很可能就是患上了儿童多动症。

儿童多动症又称为注意力缺陷多动症，是一种以注意力缺陷和活动过度为特征的行为障碍，一般在学龄前出现，其中男孩多于女孩。

多动症的主要表现就是活动过度，多动症儿童经常不分场合地过多行动；但是不是所有的活动量过大都是多动症，那只是多动症的一个表现而已。多动症患儿的行动往往没有目的性，做事经常有始无终。而活动量大的孩子行动是有目的性的，自己还会对行动进行计划。

此外，注意力不集中也是多动症的一个显著特点，与正常儿童相比，多动症儿童极易受外界的干扰而分散注意力，总是不停地从一个活动转向另一个活动。他们在任何场合都不能较长时间集中注意力，即使是在看动画片的时候，也不能专心去做；而那些仅仅是活动量过大的孩子，在做自己喜欢的事情时，是能够全神贯注的。

情绪不稳定、冲动任性、易激动、易冲动等都是多动症儿童的典型特征。有研究表明，80% 的多动症儿童都喜欢顶嘴、打架、纪律性差，有的甚至还有说谎、偷窃、离家出走等行为。同时由于注意力不集中，多动症儿童还常常出现学习困难，但是要注意的是多动症儿童的智力发育是正常的。

多动症如果得不到及时治疗，将会影响一个人生活的各个方面。青春期时，患儿就会出现一系列问题，如逃学、反社会行为等。到成年期，虽然很多患者会发展出一套行为机制来隐藏多动症症状，但是他们依然无法避免多动症带来的影响：难以与他人融洽相处，因此社会关系紧张；很难较好地完成工作任务，因此无法维持固定的工作并且普遍收入低。

那么面对患有多动症的孩子，妈妈应该采取什么样的方法来最大限度地减少多动症带来的影响呢？

首先妈妈要正视现实，给孩子更多的关心、教育和培养，带孩子去医院进行心理咨询和检查，听听医生的分析。如果确定孩子患有多动症，就要配合医生进行治疗。目前对多动症的治疗主要是药物治疗，但是要在医生的指导下进行，家长不能胡乱给孩子用药。

另外，还有一系列的心理治疗方法，妈妈要协助孩子完成。要帮助孩子提高自我控制能力，妈妈可以试着给孩子一个简单的题目，让孩子在完成题目之前做好一系列的动作。首先停止其他活动；然后看清题目，听清要求；最后回答问题。这种训练可以随时随地进行，比如当孩子要看书的时候，让孩子自己把书本、凳子摆好，打开台灯，完成这一系列动作之后再看书。需要注意的是，在进行自我控制训练时，任务要由简到繁，时间要由短到长，自我命令也要由少到多。

另外在生活中，多动症儿童的父母还要注意以下几点：

（1）要正视孩子，不能歧视他，要有耐心地进行教导。

（2）对孩子的要求要适当。不要用正常孩子的标准来要求患有多动症的孩子。要先把他们的行动控制在一定范围内，然后再慢慢提高要求。

（3）多动症儿童的注意力本来就很难集中，因此在孩子吃饭、做作业时，父母千万不要主动分散他们的注意力。

最重要的是，多动症患儿的父母一定要明白爱才是影响孩子治疗效果的决定性因素。父母应该全面了解孩子的病情，关心孩子，爱护孩子，这样孩子才能逐渐好转。

这些行为要理解

骂人的孩子不一定是坏孩子

第一次听到孩子冷不丁地说出“我打死你”“你是猪”等骂人的话或者其他脏话时，大多数父母想必都是心头一震，大声斥责：“你这是跟谁学来的?”“谁教你的?”这些不好的话当然不会是孩子自己想出来的，而是孩子听见别人说，然后才跟着学会的。

孩子听到别人说的话以后会跟着学，这就是学习语言的过程。骂人、说脏话也是一样的，孩子并不知道自己所说的话的意思，他们只是在重复自己刚刚学到的语言。另外，当孩子学会骂人、说脏话的时候，这意味着他的社会关系正在逐渐扩大，已经超越了单纯的家人范围。家长们不必为了孩子骂人、说脏话而过分担心，认为孩子有什么问题，要认识并接受孩子的这种成长过程。但是这并不是说家长可以允许孩子用脏话来表达想法，当孩子骂人、说脏话的时候，家长要告诉他如何正确地表达自己的思想。

在孩子 2 岁半左右的时候，孩子的自我意识开始萌芽。这时候，孩子忽然惊奇地发现，语言是一种神奇的力量：语言能让人发脾气，能让人伤心落泪……正是因为这个原因，孩子开始快乐地试验语言的力量。其中骂人、说脏话也是他们体验语言力量的一种方式。

由于家长对这些骂人的话非常敏感，当孩子使用这些语言时，家长或者会强行制止孩子，或者会对孩子大发雷霆。家长的这种表现反而让孩子更加深刻地感受到了语言的力量，体会到了语言所带来的快乐，所以他们就更加喜欢使用这些语言。

那么，面对孩子这些骂人或诅咒的语言，家长应该如何科学地对待呢？

一天早上，郑丽正在给3岁的女儿穿衣服，女儿忽然来了一句："臭妈妈，你真坏！你弄痛我了！"郑丽也是心头一惊，但是脸上没有表现出来，反而平静地对孩子说："衣服穿好了，快去洗漱吧！"女儿脸上露出有些惊奇的表情，但她不甘心，嘴里不停地喊着："臭妈妈、坏妈妈……"郑丽假装没有听到，仍然忙着手里的家务。最后，女儿终于沉不住气了，她一边摇妈妈的胳膊，一边对妈妈说："妈妈，我在说'臭妈妈'！"

郑丽依然一脸平静："是，妈妈听到了。乖女儿，我们该吃早餐了，去吃饭吧！"女儿有些奇怪地结束了这个无趣的游戏。

之后的一段时间里，女儿开始全面地运用这种语言，叫奶奶"老臭奶奶"，叫爷爷"臭老头"，有时候还会专门跑到有些严肃的爸爸面前喊道："臭爸爸！笨爸爸！"

但是全家人都对此没有反应，该怎么对待孩子还怎么对待孩子。原来，郑丽已经偷偷跟全家打过招呼了：不管孩子运用多么

"恶毒"的语言，我们都不做出任何反应。

没过几天，女儿终于彻底放弃了这个无聊的游戏。

孩子第一次骂人说脏话的时候，大部分情况不是为了表达生气的情绪，而是淘气。他只是发现语言具有力量之后，一边试验语言的力量，一边与身边的人玩激怒你的游戏。但是如果家长对孩子的游戏不做反应，孩子很快就会主动放弃这个没意思的游戏。

对待2～6岁这一年龄段孩子的骂人行为，家长们没有必要对孩子发怒或者急于纠正孩子的行为，而是应该对孩子的这些语言不做任何反应。但是如果孩子长大后并且已经明白了脏话的意思还继续这种行为，妈妈就应该用非常严肃的语气指出孩子这样做是不对的，并且让他改正。

孩子为什么故意"考砸"

一位心理学专家曾经说过："医生的孩子经常生病，老师的孩子不爱学习，是我在咨询过程中经常会遇到的案例。"

小枫是一个初三的学生，他学习很努力，在一般的随堂测验中总是表现出色，但是一到了大考试，像是期中、期末考试，他就总会考砸，几乎没有例外。

小枫的父母都是教师，他们想尽了各种办法，但就是无法帮孩子提升大考时的心理素质，无奈之下，妈妈带着儿子来看心理医生。

母子俩见到心理医生后，妈妈先发了一通感慨："我是优秀教师，在全市都很有口碑，我教出了那么多优秀的学生，但就是教不好自己的孩子，我觉得自己很丢脸。”说完这番话，她用“恨铁不成钢”的眼神看着小枫。小枫把头垂得很低，不肯看妈妈的眼神，也不和心理医生对视。

听完妈妈的话后，心理医生请她离开咨询室，留下小枫做心理咨询。在妈妈离开的一瞬间，小枫把头抬起了一点儿，而且脸上的那种羞愧马上就消失了，取而代之的是一种倔强的神情。

心理医生一下子看出小枫那倔强的表情下面隐藏的是对妈妈的不满。小枫说在家里感到很压抑，爸爸妈妈总是太在乎他的成绩。每次大考结束后，拿到成绩单，发现成绩不怎么样时，他的心里一开始总是闪过一丝快意，然后才会觉得又考砸了，又让爸爸妈妈失望了。

听小枫这么说，心理医生顿时明白了，实际上小枫内心深处是不想考取好成绩的，这种一闪而过的快意才是问题的根本所在。

心理医生对小枫的妈妈说最好别再盯着小枫的学习，放手一段时间。小枫的妈妈犹豫了很久，但还是答应试一试。结果中考结束后，小枫以优异的成绩考入了市重点高中。

案例中小枫在大考中成绩不佳的原因是他对父母教育方式不满的表达，他的潜意识中存在着这样一种心理：你们最在乎这个，那我就偏偏不给你们这个。但是你们不能怪我，我努力了，肯定是你们教我的方式有问题。其实很多青少年也存在和小枫一样的心理，只不过是没有意识到而已。他们只是隐隐约约地在拿到糟糕的考试成绩后闪过一丝快意，或故意做错一件事，因为“捣乱”被批评后反而会得到一种满足。

其实这些都是典型的“被动攻击心理”。这种心理就是用消极的、恶劣的、隐蔽的方式发泄自己的不满情绪，以此来“攻击”令他不满意的人或事。在孩子当中，最常见的表达方式就是有意或无意地做错一些事情，惹得父母特别生气。结果，父母对孩子进行一番攻击。看上去是父母攻击了孩子，实际上是孩子在内心深处故意惹父母生气。

这种心理其实很不健康。当事人不能用恰当的、有益的方式表达自己不满的情感体验。尽管他们知道应该与人沟通，寻找解决办法，但是却极不愿意去做。更不愿大大方方地表达出来。而是采取只有他自己才清楚的、将事情越弄越糟的“宣泄”方式来使自己的心理获得某种平衡。这种不健康的心理行为如不及时纠正，必将严重化，当孩子进入社会时，他会把最初只针对父母的被动攻击心理演变成一种比较恶劣的人格心理。

一般出现“被动攻击”情况的孩子，他们的父母都会有以下三个共同点：第一，对孩子的期望很高；第二，对孩子的控制欲望非常强烈，生怕孩子遇到任何挫折，于是希望尽可能完美地安排孩子的一切；第三，不允许孩子表达对父母的不满，他们认为孩子最好的优点就是“听话”。

这三个特点结合在一起，会让孩子感到窒息，并对父母产生深深的不满。要改善这一点，最好的方式就是“适当放手”，即父母给孩子制定一个基本的底线——认真生活不做坏事，然后让孩子去选择自己的人生，只在非常必要的时候才去帮助孩子。

而且，父母还要注意自己家庭中的沟通氛围，要保证孩子在家里可以直接对父母表达情绪和不满。因为如果孩子心中产生了不满，却又被禁止表达，那么他们就会采用这种“被动攻击”的方式表达出来。

因此，要消除孩子故意“考砸”和“捣蛋”的行为，最好的办法是做个理解孩子的父母，尊重他们的思想，让他们为自己做主，允许他们有自己的秘密，给予他们充分自由的独立空间。

孩子犯了错误总是狡辩怎么办

田女士是一个讲民主、尊重孩子的妈妈，一般不会强迫女儿做什么事情，女儿也因此思维活跃、能言善辩，不过现在田女士却面临着一个困惑：女儿越来越喜欢狡辩，无论做什么事总有自己的理由，不愿意听取父母的建议。比如，孩子见到田女士的好朋友从来不叫“阿姨”，田女士告诉她这样不礼貌之后，她还是不叫，而且还列举了各种理由：我不喜欢叫；我不喜欢这个阿姨；我当时想睡觉，等等。几乎所有的问题，只要她不想做，都有很多理由。田女士不禁为孩子的表现担心起来。

在一个民主自由、喜欢讲道理的家庭中，孩子比较容易养成能言善辩、自作主张的行为习惯，相应地，也容易变得不愿意听取别人意见，喜欢一意孤行。好的教育应该让孩子既有主见，又能听取别人的合理意见，并对自己的行为做出调整。这样的孩子对自己和他人的意见具有较强的分辨能力，不至于演变成顽固地坚持自己想法的人。

讲道理是值得提倡的教育方法，但是为什么很多父母感到给孩子讲道理没有用呢？对于孩子来说，尤其是12岁以下的孩子，他们的心理发展特点是以形象思维为主，还很难理解许多抽象的名词概念，因此这时候对孩子的教育应该以行为训练为主，最好不要用讲大道理的方式进行。比如当孩子不喜欢叫“阿姨”的时候，不必讲很多为什么不叫“阿姨”是错误的大道理，只要培养孩子礼貌待人的行为习惯就好。

另外，家长还要反思自己是不是在某些时候对孩子的狡辩表示了赞赏的态度。比如有时候，孩子“狡辩”之后，家长会说：“你这小嘴还挺能说!”“你还挺有主意!”还有的家长会用假装生气的态度对孩子说：“不许狡辩!”但是内心却存在对孩子的欣赏。这种潜在的欣赏比直接的表扬更让孩子受到鼓励，于是他知道了：反驳父母的建议反而能获得父母的好感，所以不听取父母建议的习惯就这样形成了。

此外，父母还要注意的一种情况是，虽然在大多数情况下，父母的要求和做法都是正确的，但还是不能忽略孩子的态度和意见。现在是个多元化的时代，教育的难度增大了。但是我国多年形成的文化中，总是希望孩子听话。可是如今的孩子有了自己的思想，对家长不再言听计从，有时候甚至还会对着干。面对这种情况，家长应该与时俱进，转变观念，和孩子一起成长。时代进步了，不能把自己看不惯的事物统统看作“大逆不道”。要对孩子进行正确的引导，学习与孩子沟通的技巧，建立良好的关系，而不是单纯地责怪和打骂。

父母应该常常鼓励孩子说出自己的想法，不要以“小孩子不懂什么”为由剥夺孩子表达的权利。如果孩子长时间得不到尊重，就会变得不自信，失去应有的创造力；或者会变得非常叛逆，无论什么事情都要进行狡辩，与父母关系恶化。父母在给孩子提建议时应该为他留下一定的自由选择空间，让孩子感到配合父母的建议是快乐的、身心愉悦的，这样的话他合作的积极性就会提高。

孩子任性其实是一种心理需求

生活中，经常见到一些孩子特别任性，为达到某种目的哭闹不止，把家长搞得精疲力竭。

4岁的明明看到邻居小弟弟的电动小汽车与自己的不太一样，他急于探究这种区别存在的原因，于是明明在夜里无休止地哭闹着，任性地坚持要妈妈给自己买一辆一模一样的小车来延续自己的探索活动。

一个3岁的孩子正兴高采烈地玩儿气球，妈妈不小心给碰破了，孩子顿足大哭，怎么哄都哭闹不止。

人们往往把这种任性归咎于家长对孩子的娇惯，其实这种结论过于简单和武断。

美国儿童心理学家威廉·科克的研究表明，孩子任性是一种心理需求的表现，与父母的娇惯没有必然的联系。他指出，幼儿随生理发育，开始逐渐接触更多的事物，但对这些事物的正确与否，他们却不能像成人那样做出准确和全面的判断。孩子只会凭着自己的情绪与兴趣来参与，尽管有些参与行为会对他们不利。

处于独立性萌芽期的幼儿，对一切事情都想亲力亲为、想弄个透彻，这原本是好事。但是，孩子肯定有他的幼稚性和不成熟性，不可能像成人一样理性。因此，孩子的这种“亲力亲为”的心理行为，往往会不合情理地表现出来，这就导致了我们所说的任性。家长有时需要进行换位思考，从孩子的角度看待他们的行为表现，对其要求不可包办代替或断然拒绝。而要根据当时的实际情况采取不同的措施区别对待，毕竟孩子任性有时也是一种心理需求，应该得到尊重。

但是，绝大多数家长是以成人的思维更多更全面地考虑结果，却往往忽略了孩子的情绪和兴趣。实际上，这些兴趣与要求也正是孩子心理需求的一种表现形式。这些事情表面看起来是孩子太任性，在无理取闹，其实真正的原因是孩子的好奇的心理需求没有得到满足。当这种心理需求得不到安抚和满足时，孩子只能以哭闹来表示抗议。

随着孩子的成长发育，他们越来越多地接触新鲜的事物，这些事物带给孩子很多意想不到的困惑，为了解开自己心头的疑问，孩子总希望通过自己的方式来解决问题。如果明明哭闹的时候，妈妈能够问清原因并理解他的这种心理需求，并及时表扬明明爱动脑筋，再讲清楚当时的情形下为什么无法满足他的要求，大概孩子就不会哭闹了。

另外，3 岁的孩子正兴高采烈玩儿的气球，被妈妈不小心给碰破了，孩子便哭闹不止。妈妈会认为孩子任性，无理取闹。如果妈妈当时可以从孩子心理的角度去分析，便会明白这是因为孩子已经把这个彩色气球拟人化，把它当作自己的玩伴，气球破了，“玩伴死了”，自然会使他伤心欲绝。婴幼儿的这种心理得不到理解和安抚时，无奈中只得以哭闹来抗议。

总之，面对任性哭闹的小儿，对其进行严厉的批评毫无意义，父母应该把重点放在分辨孩子的哭闹原因上，再想些帮助他的办法。否则，孩子的任性就会越来越严重，这实质上是一种与家长对抗的逆反心理，多因家长初始没有理解和重视他们的心理需求所致。所以，年轻的家长应该多了解孩子的心理，从而理解和接受孩子的心理需求。

“为什么”没有错，回答有技巧

孩子总是有着无比强烈的好奇心，他们从不管自己问的问题是不是可笑，也不会去想爸爸妈妈能不能回答自己的这些问题。尤其是当孩子到了快要入学的年纪时，他们会变成“十万个为什么”。他们见到什么问什么，想到什么问什么。“为什么有的豆子是青色的，有的却是黄色的?”“为什么妈妈穿裙子，爸爸从来不穿?”“天为什么是蓝的?”“月亮为什么不会掉下来?”“我们为什么会有五个手指?”“我是怎么来的?”……

如果妈妈对孩子的问题能够认真、充分地解答，孩子会感到被尊重，好奇心也得到发展。所以，妈妈应该保护好孩子的好奇心，认真回答孩子的每个问题。如果当时实在没有时间和精力去解决孩子的问题，也要记住在自己空闲的时候，给孩子解答。有时候，孩子问的问题可能自己也解决不了，或者给孩子解释不清，那么应该告诉他，这些是自己不能解答的，或者告诉孩子等到他长到一定的年龄，才能听懂这些东西。

但是，实际生活中，当孩子们不断地问“为什么”时，妈妈一般都会不胜其烦，就算有耐心的妈妈，也未必有能力一一解答孩子的问题。

所以，在问问题的时候，孩子们常会“碰壁”：“小孩子，不懂的不要乱问!”“不是告诉你了吗？你怎么这么多问题?”“你怎么这么多事？我也不知道！”……于是，这个小家伙伤心地走了，他这才知道原来问问题需要一些条件，原来问问题是错误，原来大人也有不知道的时候……于是，很多小孩子都乖乖地闭上了嘴巴，看到一些新鲜的事情，也不会马上就大喊“妈妈，那是什么？”所以，我们会发现，孩子越长大，问题也就越少了，家长也不必费尽口舌地告诉他，这是什么，干什么用的，为什么会出现这样的现象。总之，解脱了！

可惜的是，孩子天生的好奇心在问题消失的时候，也随之慢慢消失了。这是一个失败教育的开始。随着好奇心的泯灭，孩子就不再去主动认识世界，自然而然地，孩子认识世界的能力也降低了。同时，他们也很少再有主动获得知识的乐趣。随之而来的，他也就失去了本该具有的独创性，而这才是他们人生中重要的东西。一个人没有了好奇心，没有了独创性，也就没有了主动认识问题、解决问题的能力。

其实，妈妈回避孩子不断问问题的心理虽然可以理解，但是不能提倡。妈妈在孩子心中的威严并不完全建立在“博闻多识”这一条上，对事情的态度、对孩子的信任和尊重、在工作上取得的成绩、夫妻之间的评价都会影响孩子对妈妈的认识。如果妈妈在平时的生活中很积极，面对家庭的困难也毫不气馁，对爸爸和孩子都呵护备至，常常得到邻居的称赞，那她在孩子心目中就会有很好的形象，即便遇到问题不会回答，孩子也不会因此改变对妈妈的崇拜。

另外，承认错误是一种勇气，承认自己的无知更需要勇气。当妈妈在孩子面前真实地说出自己也不知道的时候，孩子与你的距离会更近。当然，承认自己不知道还只是回答问题的第一步，如果只说一句“我也不知道”就走人了事，会让孩子感到失望。怎么办呢？当孩子因得不到回答而有些失落时，妈妈不妨说："虽然我现在不知道答案，但是我知道在哪里可以找到答案。让我们去图书馆寻求神秘的答案吧！"听到妈妈的这番话，孩子会马上兴奋起来，想去图书馆探个究竟。

不要因为怕丢自己的面子，怕在孩子面前没有权威，随便编个答案告诉他。这对孩子没有任何好处。在他没有知道事情真相之前，会把你的答案当作真理，告诉别的小朋友。这样，带给他的很可能是嘲笑和讥讽，而在他知道真相之后，就不再相信你了。

独立解决问题的能力是拉开人与人之间差距的重要因素，当孩子向你提出难以回答的问题时，不要回避或假装知道，尽管把真实的情况告诉他，让他学会独立解决问题，这样的他才能成长得更扎实、更健康。

孩子有自慰行为时应怎么办

幼儿自慰行为，是指幼儿用手或其他方式刺激自己生殖器的现象，如采取夹腿的姿势，骑坐在某些物件（娃娃、枕头或桌椅的棱角）上，通过触碰生殖器以达到快感。几乎所有儿童在生长发育过程中均会出现这种表现，不到 1 岁就可能发生，幼儿期和青春期比较明显。

根据研究，引起孩子自慰的原因通常有以下几种：

（1）缺少必要的关爱。3~6 岁的孩子已处于一个特殊的性心理发展阶段，这个阶段被称为"性蕾期"。如果这一阶段幼儿的情感世界缺少关爱，就会通过触摸自己的性器官而得到安慰或消除自己情绪上的不安和焦虑。

（2）好奇心强。幼儿期正是人的一生中第二个激烈变化的时期，是好奇心极为旺盛的时期，孩子可能很早就感觉到父母对性器官及性问题的回避。家长对性器官及性问题的回避，恰恰引起孩子更大的兴趣和好奇，促使他忍不住摆弄自己的性器官。

（3）生理因素。生殖器局部的疾患常常是幼儿自慰的原因，如湿疹、局部发炎、不够清洁等引起的瘙痒。幼儿感到不适就可能经常触摸这些部位。

（4）衣服太紧。很多家长为了漂亮或是其他原因，给孩子选择不适合的衣服。衣服紧贴在身上，会使孩子感到紧绷不适，从而逐渐产生触摸性器官等自慰行为。

（5）心理因素。曾经受过性侵害的孩子，会在心理上留下极大的阴影，而处在幼年的孩子心理还不健全，不会去合理地排遣，因此极有可能通过自慰来消除心中的恐惧和不安。

父母和老师对孩子的自慰行为不必大张旗鼓、兴师动众地寻求治疗途径，既不要惊慌失措，更不要打骂吓唬孩子，以免使孩子产生“性罪恶感”“性恐惧感”。自慰一般不会使幼儿出问题，倒是父母的过度反应会造成幼儿精神上的负担，甚至导致孩子成年后的性心理障碍。那么家长和老师发现孩子有自慰行为时，该如何做呢？

（1）首先父母和老师要纠正观念上的错误，从科学的角度正确地看待孩子的自慰行为，认识到这是孩子在成长过程中的自然现象。同时了解性教育的重要，它也是一种人格的教育和情感的教育，养成幼儿对性的健康态度，有正向的行为并展现适宜的性别角色认同，培养幼儿的健康态度和解决问题的能力。

（2）找出幼儿自慰的原因。例如，检查一下孩子的裤子是否太紧、太脏；孩子的阴部是否发炎，有外伤；孩子是否在模仿影视片中或父母的性行为等。只有找到孩子自慰背后的真正原因，才能够更快更彻底地消除这种行为。

（3）注意力转移法。丰富幼儿的生活，使之多样化、趣味化，把幼儿的心思和精力都用在感兴趣的活动上，如画画、游戏等。避免孩子因过分寂寞无聊而将注意力集中在自己的生殖器官上。

（4）监视、制止幼儿的自慰行为。父母应平心静气地告诉孩子不要随便玩弄这些部位，既不好看，也不卫生，还可能引起炎症。切忌使用刺激性语言，以免挫伤孩子的自尊心。

（5）家长和教师对自身行为的注意与修正。3~6 岁的孩子出于对身体的好奇，常有好奇的窥视欲望。为此，父母应避免在孩子面前过度亲热。父母对孩子的亲热行为也要有度。当然，也不要刻意剥夺孩子与异性亲人的正常情感交流，防止孩子产生不必要的逆反心理，避免强化孩子的恋母或恋父情结。

（6）培养幼儿养成良好的卫生习惯、睡眠习惯，尽量减少环境中诱发自慰行为的刺激，父母要注意孩子阴部的卫生，保持干燥、整洁。孩子的内衣裤要柔软、宽松。让孩子早睡早起，注意睡眠姿态，入睡时不要把手夹在双腿间，不要俯卧。不要让孩子从事有可能刺激性区域的活动，如爬树、抱枕头等。

从本质上看，幼儿自慰行为是求知欲、好奇心和生理需要的表现。任何年龄的孩子自慰都是正常的，只要家长和老师有足够的耐心，孩子自慰行为的矫正不是问题。

第二章 <<<<<

“再穷不能穷精神”，满足孩子的心理需求

给予孩子家的归属感

归属感是孩子最早的安全感

建筑师要想修建一所结实的房屋，需要先打好又稳又深的地基。人的生命要想健康地成长，也需要有稳固的地基。小孩儿出生后，地基便开始“建筑”，在这里，生命的地基便是人的“安全感”。

安全感是一种人在社会生活中感到安心不害怕的感觉，当环境中可能出现对身体或者心理有危险甚至潜在危险的情况时，安全感能够使人预感到可能出现的环境变动，人在其中主要表现为确定感和可控感。

安全感是生命的地基，即心理健康的基础，孩子在满足了安全感的基础上才能带着稳定的心理去探索未知的广阔世界，追求更高一层的需要，带着自信心去和小伙伴打交道，融入学校生活里，在小伙伴和学校里体会到自己的价值。相反，如果孩子有过度的不安全感，将会引发孩子的心理问题和疾病，导致精神障碍，甚至神经症。

从孩子从妈妈身体中分离出的那一刻起，脱离了妈妈身体的庇佑，孩子面对陌生的环境十分恐惧和不安。为了减少恐惧，孩子会从妈妈那里寻找心理上的安全感和归属感。而这安全感和归属感会成为影响孩子身心健康的基础。变动可以引起孩子极大的无归属感和无安全感。

2009 年，深圳市妇女儿童工委办联合市妇女儿童心理咨询中心对全市 1500 个 8~17 岁的流动儿童心理情况进行了抽样调查。调查结果显示，深圳市近六成流动儿童感到自卑、敏感、情绪不稳定，他们与人交往合作能力较差。其中，自卑是这些流动儿童心理问题的集中表现，近 30% 的流动儿童感受压抑、被歧视，认为城里人看不起他们。这些孩子大多性格内向，行为拘谨，自卑心理较重，自我保护、封闭意识过强，性格相对孤僻，以至于不敢与人交往，不愿与人交往。占一半以上的流动儿童通常是与自己的老乡一起玩耍，因为熟悉和有伙伴玩耍，这些孩子更喜欢老家，而不是现在生活的地方。

流动儿童大量涌现，是伴随我国经济的快速发展，越来越多的农村剩余劳动力流入城市里出现的现象。这些孩子出现的自卑、敏感、情绪不稳定等各种心理问题，都是由于流动问题导致他们没有家的归属感。孩子在幼年时期缺乏家的归属感在流动儿童中最为典型。妈妈们可以从这些流动儿童中看到归属感对孩子的人格发展的影响是多么重要。

所谓归属感，是指孩子觉得自己属于爸爸妈妈组建的家庭中的一员，属于学校班集体里的一员，属于伙伴们中的一员。在这一个个集体中，自己被集体中的其他成员接受、认可，在集体中是有价值的，必须存在的，不是可有可无的，能和集体有共同的感受。当孩子觉得自己被加入的群体接受时，会产生一种安全感和踏实感。

据有关研究发现，归属和爱的满足与生活满意度有很高的相关度。流动儿童因为生活的颠沛流离，有先天的生活条件不足的缺陷而得不到归属和爱的满足。美国著名心理学家马斯洛在 1943 年提出“需要层次理论”，他认为，“归属和爱的需要”是人的重要心理需要，只有满足了这一需要，人们才有可能“自我实现”。

研究人员给 31 名严重抑郁症患者和 379 个社区学院的学生寄出问卷，问卷内容主要集中在心理上的归属感、个人的社会关系网和社会活动范围、冲突感、寂寞感等问题上。调查发现，归属感是一个人可能经历抑郁症的最好预测剂。归属感低是一个人陷入抑郁的重要指标。

早在 1998 年夏天，美国心理学专家就断言：随着中国商业化进程的不断推进，心理疾病对自身生存和健康的威胁，将远远大于一直困扰中国人的生理疾病。上述表现概括起来就是思想上无所寄托，生活上丧失信心，对亲友无牵挂感。说到底就是归属感不强。

在孩子的安全感形成过程中，归属感是孩子最早的安全感。归属感和安全感从来都是相伴左右，有着密切的关系的。妈妈们在孩子小的时候，给了孩子充分的归属感，孩子能够体会到父母的爱和家的温暖。孩子会对世界感觉到安全，认为这个世界是安全的、可靠的、善良的，并在此过程中建立对世界和对自己的基本信任。因此，父母要给予孩子充分的归属感，让孩子感受到安全，并在安全的环境下健康成长。

缺少归属感，孩子更叛逆

一名师大附属幼儿园老师曾经在报告中提到过班里一些小孩子的特别表现：

班上有个叫九斤的幼儿，他刚刚从别的幼儿园转来时，是个“小调皮”。做活动的时候不仅不听老师的指令，还四处欺负班上小朋友。老师一旦教训了九斤，他便和老师“对着干”，唱“对台戏”，情绪特别激动，易怒。在班上时，老是和小朋友发生冲突。

班上还有一个小女孩叫薇薇，妈妈把她送来幼儿园时，显得很怕生，十分抗拒幼儿园的新环境，不跟旁边的小朋友玩儿，也不听老师的话，将近一个月后才开始和邻桌的小朋友说话，一起玩儿。

这些孩子的特别表现在幼儿园里比比皆是，孩子总是不愿意去上幼儿园，家长为了哄孩子上幼儿园被弄得焦头烂额，好不容易软硬兼施软磨硬泡地把孩子送到幼儿园，孩子却在幼儿园里不合群，家长们为此伤透了脑筋。孩子不合群有很多因素，最重要的还是因为小孩子没有产生对幼儿园的归属感，不愿意离开爸爸妈妈待在幼儿园里。于是，孩子为了摆脱幼儿园，有的像薇薇那样孤僻拒绝接受幼儿园和幼儿园里的事物，被动防御，有的做出像小孩儿九斤这样过激的行为，由于缺少对幼儿园的归属感，孩子行为变得更叛逆。对于孩子来说缺乏归属感的表现有不适应集体生活，不喜欢与同伴交往，不愿意在老师同伴面前表达自己的想法等。

孩子归属感的培养是孩子社会性发展的重要方面，归属感对孩子将来形成积极的社会交往和在这种交往中掌握的与人交往的能力有着重要影响。孩子归属感的养成有利于帮孩子在集体生活中形成安全感、信赖感，在安全感的基石上流露本性，自然认识自己和他人，与人交往，这样将会促进孩子身心健康发展。

美国密歇根大学研究人员的一项最新研究显示，缺乏归属感可能会增加一个人患抑郁症的危险。一个在集体中没有归属感的儿童，往往会形成压抑、不安、自卑等不良情绪，而一个具有归属感的儿童却能愉快、自信地与人交往。培养儿童的归属感很有必要。

其实，归属感不只是对生活环境的简单认同，而是对环境中的物质环境、心理环境及文化氛围的综合性的确认。不只是在幼儿园，在家里有的孩子也会因为各种原因而缺乏归属感。

随着芬奇的渐渐长大，芬奇妈妈发现孩子越来越叛逆了，芬奇妈妈回忆孩子上小学五年级后，便对自己很不耐烦，有时候总是和妈妈顶嘴。尤其是当芬奇妈妈问他学习方面的事情时，他就特别厌烦反感，情绪很差。为了缓解孩子和自己的矛盾，芬奇妈妈提议全家一起出去郊游，借此增进感情。爸爸知道芬奇喜欢吃草莓，还专门安排了全家一起去果园采摘草莓的活动。但是芬奇对此一点儿兴趣都没有，当得知只有一家三口去时，还嘟囔："我不去，和你们去没意思。"

我们通常把这类现象称为"家庭剥离感的初步形成"或"归属感的初步丧失"。经过了解，我们认为芬奇的这种表现主要是因为学前不合理的"分享"培育，也就是说，妈妈总是鼓励芬奇把自己的玩具和小食品带给幼儿园的小朋友们，芬奇不愿意，妈妈就耐心提醒，有时还不高兴甚至生气。这种"分享"往往会使芬奇混淆"学习类物品”和“玩具食品”，从而在和妈妈的日常沟通中出现“理解误差”，芬奇也就越来越无法和妈妈沟通，归属感开始逐步丧失，就自然形成了上述这些生活中的逆反现象。

要合理修复这种状况，就要合理搭建亲子沟通平台，在不以学习为主的互动前提下，亲子间能够顺畅沟通和互相理解，借以有效提升孩子的家庭“归属感”，清除孩子已经出现的家庭“剥离感”，也就自然避免了使妈妈头痛的所谓“逆反”了。当孩子拥有了健康良好的家庭“归属感”后，妈妈再和孩子围绕“学习主题”进行沟通，孩子才会在妈妈的引导下主动而快乐地开始学习。

让孩子顺利找到归属感

每个人都有觉得自己强烈归属于某个地方、某个群体的需求，孩子也不例外。也许孩子会对自己的这一潜在需求不自知，不会向家长表达自己的需求，但是妈妈们作为一个成人可以用自己的切身感受来设身处地地为孩子设想他的需求。而往往这些需求正是家长们易忽略的地方。有一位苦恼的家长曾经向儿童心理学教育工作者写过这样一封信，诉说自己在教育孩子时遇到的困难：

老师，你好！

我的孩子今年9岁，即将就读小学四年级。但是孩子很贪玩儿，一点都不爱学习，回到家就打开电视看动画片，不写作业。现在放暑假了，孩子成天都不着家，在外面和伙伴们四处玩耍，一整天都见不着人影儿。老师布置的暑假作业基本没怎么写。孩子不写作业，不听话，爱撒谎，还跟大人顶嘴不认错！有时候孩子实在调皮得让人生气，我就动手打他了，没想到孩子不仅不怕，还骂人，甚至还手。我实在管教不了这孩子，总觉得这么下去天不怕地不怕，哪天就惹个什么事儿出来。孩子对世界没有敬畏之心，指不定哪天做出什么无法弥补的错事，现在越想越觉得害怕！现在我们都不打他了，只有实在太生气才打他。也许是以前打孩子打得太厉害了，孩子才出现这么过激的行为吧！您说孩子这样应该怎么办啊？该怎么管教这孩子呢？谢谢了！

——一位苦恼的家长

中国有句古话是“黄金棍下出人才”，多少年来这句话一直作为父母教育孩子的传统育人法宝。然而父母要做到的是用心去了解孩子的心理，打孩子可能出现的最大弊端便是孩子归属感的缺失或转移。父母对孩子打骂的次数太频繁，打骂的程度太严重，孩子会渐渐排斥父母，心不再和父母贴在一起，认为自己的归属感不在父母这里，从而把归属感转移到其他地方去。成人的心理核心是安全感，而孩子的心理核心是归属感，孩子所必需的吃饭穿衣他自己解决不了，所以他必须有归属，孩子的归属感在谁那儿，他就愿意听谁的话。孩子不听话，正是归属感缺失的迹象。

孩子出生后最初的需求只限于父母带给他的爱，然而孩子一天天长大，开始接触到除父母以外的朋友、群体和机构，开始有自我意识。这时候，孩子通过归属于某个群体，学会与他人和睦相处，在群体活动和他人的交往中形成对自我的认识。孩子一旦归属于某个群体，便意味着这个群体也需要他，接受他，这会为孩子判断自己是一个什么样的人以及该如何行动提供指引。如果男孩子在长大成人的过程中，觉得自己既不归属于家庭，也不归属于学校，觉得自己被人嫌弃（比如，因为遭到他人不留情面的批评），他就可能到别的什么地方寻求接纳并获得归属感。为了让孩子顺利找到归属感，家长们得采取一些施爱的办法。

培养孩子的归属感，首先要培养他对自己家庭的认同感。第一，家长要试着寻找机会多跟孩子交流，主动分享孩子感兴趣的事情，让孩子对家长产生认同心理。你会发现，在某个瞬间，孩子突然对你敞开心扉。第二，偶尔给孩子讲讲自己家族的故事，让孩子了解自己与家长的渊源，对自己的家庭产生兴趣。凡是举行家族活动时，尽可能让孩子参加，不要因为孩子小不懂事，给大人添乱，放弃了让孩子融入家族活动的宝贵机会。

其次，学校是孩子成长的重要场所，培养孩子对学校的认同感十分必要。第一，家长可以多支持孩子参加学校组织的一些社团大型活动，例如义卖会、音乐会等，让孩子在学校中找到归属感。第二，平时多留意孩子的言行，当发现孩子有太多的独处时间时，建议孩子加入一些社交俱乐部，或者某个兴趣团体，避免孩子出现“孤独”的征兆。第三，老师对学生要做到尊重，让每个孩子都觉得自己是班里平等的一员，每个孩子都有机会参与，每个孩子都受到大家的重视。

最后，孩子最终要走向社会，培养孩子亲近社会的态度显得十分重要。父母应帮助孩子弄清时尚和服装何以会成为人们归属感的标志，给孩子以经济上的帮助，让他“融入其中”，并不是一直打压孩子跟风的追求，因为这恰好是孩子寻求归属感的表现。

小孩子也需要被尊重

许下的诺言要实现

父母对小孩子许下的诺言是否应该认真遵守呢？很多时候，父母都以为小孩子年龄小，不懂事，对小孩子许下的诺言不重视，无论是否兑现都不在意。但是在小孩儿的眼里，正是这些不在意的许诺变得极为重要。

浙江的小毛今年以优异的成绩考上了初中，全家人都非常开心。但是开心之外，全家人都陷入了一种尴尬而又尖锐的境地中。

原来，小毛的父母为了让小毛能够全力以赴准备考试，在考试中表现出色，曾经信誓旦旦地许下诺言，只要小毛能在考试中考取前五名，就带他去海南旅游一趟。这个许诺对于从来没有出过远门，没坐过飞机的小毛来说无疑是巨大的诱惑。为了能去海南，小毛非常努力地复习，考试也超常发挥了。成绩下来后，小毛取得了地区第一名的好成绩，全家人还为此举办了庆功宴，但是却对带小毛去海南的事支支吾吾，岔开话题，仿佛对曾经许下过诺言一事忘得一干二净。小毛因此十分生气。

小毛认为既然父母没空陪自己去，当初为什么还要许诺呢？小毛父母也有自己的说法，他们认为当初许诺只是想以此刺激小毛努力学习，并没有当真，以为孩子考好了一高兴就把这事给忘了，谁知道小毛把这事记得这么牢。“现在孩子每天吵着要去海南，我们也烦恼”，小毛父母说道。

小毛和父母之间之所以发生矛盾，正是因为小毛父母没有尊重小毛，履行承诺。

在现实生活当中，很多父母也都有失信于孩子的行为。他们往往向孩子许下这样或那样的承诺，但很少有兑现的时候。久而久之，孩子对父母的做法习以为常。而且，当父母不能履行诺言时，孩子就会对父母的口是心非生气，且不再相信父母的话。累积的怨气不但会严重影响亲子间的和谐关系，也会降低孩子对父母的信任度。家长对孩子的影响深远而关键。

父母失信于孩子，害处是相当大的。有的时候，孩子并不能真正了解事情的原委，所以会认为父母说话不算数，从而不再信任父母。以后父母再要求孩子什么，答应孩子什么，在孩子心中都会打折扣，使得父母与孩子的交流、沟通出现障碍。而且，家长会失去自己在孩子心目中的威信。

如果父母常把对孩子的承诺不当回事，会让孩子觉得一个人可以说话不负责任，答应的事也可以不办，这可能会让孩子变得不遵守诺言、不承担责任，或是总以猜忌、多疑、不信任的态度对待其他人。这对孩子的社会交往、人格魅力的形成都是很不利的，会对孩子的一生造成影响。

再有，父母越是用所谓的“权威”强迫孩子就范，孩子就越是怀疑或不相信父母，从而与父母之间出现矛盾、隔阂，影响亲子的感情交流和相互信赖，甚至出现逆反——父母越是让孩子“往东”，孩子越是要故意“往西”，使很多原本不该出现的问题尖锐化。

相互履行承诺不仅是与孩子交流的一种合理形式，也是培养孩子健康人格的一种教育手段。当孩子认识到自己答应了的事情就必须做到时，便有了责任感，从而督促他们学会履行责任，养成良好的道德习惯。一诺千金不仅仅是简单地兑现某个诺言，更重要的是可以培养孩子遵守诺言的意识，这是一个非常重要的品质，甚至可以说是无价之宝。

尊重孩子的小秘密

小辰今年上五年级了，有一天回家，她发现妈妈竟然正在看自己写的日记。她很生气，就对妈妈说：“我们老师说了，日记是自己的秘密，任何人都不能偷看！爸爸妈妈也不能！”“这怎么是偷看呢？妈妈有权利了解你的思想动向，这样发现问题之后好及时帮助你啊！”“我不需要你的帮助！反正老师说了日记不能让其他人看。”见女儿冲自己大喊大叫，妈妈的火气也上来了：“你怎么说话呢？我是你妈妈，难道我把你养大，还没资格看看你的日记吗？”女儿听完这句话，一把夺过妈妈手里的日记本，躲进了自己的房间。从那以后，小辰就开始和妈妈“打游击”，原本不上锁的抽屉上了锁，还把日记本用头发丝“封”了起来，每天回家第一件事就是检查头发丝是不是断了。

随着年龄的增长，孩子的生活领域日益扩大，情感世界逐渐变得丰富，同时他们的自我意识不断增强，开始渴望独立，渴望受到社会和家庭的尊重。所以，孩子们开始有了自己的“小秘密”。从教育学的角度来说，拥有秘密对于孩子的成长具有很重要的作用。因为秘密往往与责任紧密相连。不管孩子保守的是什么秘密，是自己的还是别人的，当他决定对父母保密，他就与自己的灵魂订下了一个约定。

同时，孩子有了秘密，还代表孩子有了独立思考的能力，他会产生许多只属于自己的思想，虽然这些思想有时不一定正确，但却深深地刻下了“我”的烙印。父母不可能替孩子消化食物，同样父母也不能替孩子思考。孩子自己探索生活的这个过程本身就是可贵的。

但是当孩子有了隐私，很多妈妈总是很担心，总是想方设法地去侦察，如偷看日记、私拆信件，甚至盗取聊天软件密码。妈妈们总是觉得，孩子的心里能藏着多大的事呢？都是些小事，我看一下也无妨。可对孩子来说，再小的秘密也是大事。妈妈不尊重他的隐私，就是对他的不信任、不尊重，这极大地伤害了孩子的自尊心，破坏了他的安全感。

其实妈妈们想要了解孩子的“小秘密”也并不是一件很难的事情，要了解孩子的秘密最重要的是要压制住自己的好奇心，尊重孩子拥有秘密的权利。

一位家长是这样做的：

有一天晚上，我去女儿的房间送牛奶，我一走进去，女儿就迅速地合上了桌子上的本子。我笑着摸着女儿的头发说："我的女儿长大了，有自己的小秘密了！"女儿调皮地说："妈妈，您可不要偷看哦！""妈妈知道，妈妈像你这么大的时候也有自己的小秘密，还把它锁在抽屉里，现在想起来，那些小秘密都是妈妈曾经的快乐。""妈妈，其实我的日记里也有很多快乐。""妈妈很希望跟你一起分享这些快乐，当然也希望分担你的忧虑，不过如果你更愿意把它记在日记里，妈妈也尊重你。以后如果你有不愿意被爸爸妈妈看到的东西，就在显眼的位置标上'个人隐私，谢绝观看'，爸爸妈妈保证不会看，好不好？""妈妈，您这样说，我反倒是很愿意跟您分享我的小秘密了。"

其实，隐私是可以转化的，当孩子不信任家长时那些东西是隐私，当他信任你的时候，那就不是隐私，他会主动和你分享。所以家长应该通过关怀、尊重等方式赢得孩子的信任，让孩子主动与你分享他的成长故事。不过家长也要注意，如果承诺了不会窥视孩子的秘密，那就一定要守信。

妈妈应该尊重孩子的隐私，让他有种平等的感受，这是对孩子人格的保护，妈妈也会因而赢得孩子的敬重和爱戴。

孩子作为一个独立的个体，具有自己的隐私和敏感的自尊心。他有被尊重、被承认的心理需求，妈妈就应该满足孩子的这种需求。孩子得到了妈妈的尊重后自然也会懂得如何去尊重妈妈、尊重他人。懂得尊重孩子的妈妈在孩子心中也必定是有威信的，懂得尊重孩子隐私的妈妈，必定是孩子愿意告之一些隐私的妈妈。

人类最不能伤害的就是自尊。家长请不要通过不良手段窥探孩子的隐私，因为在这个世界上，没有什么关系比亲子关系更亲密，而要建立亲密的亲子关系，就要从尊重孩子、尊重孩子的隐私做起。

小成员也有权参与家庭讨论

有的孩子由于被家人过度宠爱，无论想要什么东西，家长都会设法满足。看见别人家的东西好看就想要，分不清什么东西是自家的，什么东西是别人的。到了其他人家，仍然想要什么就要什么，得不到就哭闹。出现这种情况是由于小孩儿家庭观念教育的缺失。而小孩儿家庭观念的缺失，家长有着不可推卸的责任。

很多家长考虑到孩子年龄还小，尚不懂事，不能想出什么有用的解决家庭事务的办法，想当然地觉得家庭里的事务跟孩子没有关系，孩子不需要参与家庭讨论。殊不知，孩子虽然没有独立解决事务的能力，但正是家庭讨论促进了孩子这方面能力的发展。培养孩子参加家庭事务，把孩子当成小主人，久而久之，孩子不但自己的事情会自己做，而且家里的事情也会积极参与，还会自觉地认为家里的事也是自己的事，自己也要为家里的事操心，如果形成习惯，家长也就不用为孩子的学习费心了。

一位育儿经验丰富的妈妈曾经在孩子的家长会上给家长们传授教育经验：

> 我们十分注重培养孩子的家庭观念，当女儿能听懂我们大人们说的话后，我们就一遍遍耐心地给她讲解什么是家庭，什么东西是家里的，什么东西是别人家的，家里的东西应该怎样对待，别人家

的东西又应该怎样对待。通过这样的讲解，女儿似乎对家庭的观念有所意识。

有一次女儿生病了，我抱着女儿到校医务室去打针，当时孩子只有八九个月大，还只能说一个个的单字。打针的时候，女儿因为害怕哭了，但是打完针后，即将离开时，女儿突然指着桌子喊“电”，我很纳闷，便顺着女儿手指的方向看，才发现原来手电筒忘记了拿走。同样还有一次，有一年春节，我和妻子带着女儿回我父母那里过年，三更半夜下火车后，妻子忘了穿大衣就下了火车。我们当时已经走了一段路了，女儿突然想起妈妈的大衣还在火车上，就拼命往火车上跑。当时我一愣神，半天才回过神来有危险，这样突然跑过去的话，万一火车开动了怎么办，于是我也扔下东西就去追女儿。当我跑到车门口时，女儿已经从火车上拿着大衣挤下来了，当时女儿才八岁。

这说明女儿八岁时便有了小主人的意识，开始懂得不仅要为自己的事操心，还要为父母的事操心，从小便养成了责任意识和主动精神。下车后，大人们都忘记了自己的事，而女儿却在想东西带全了没有，有没有丢掉东西，正是因为这样，女儿才能发现妈妈的大衣忘在了火车上。

把孩子培养成小主人，就是培养孩子的责任感。孩子有了责任感，就有了责任意识和主动精神。这样孩子不论什么事都会自己动脑筋考虑，也会为父母和家庭着想。现在许多家庭为孩子的学习发愁，要陪着孩子学习，陪着孩子写作业。其实之所以出现这种情况，就是父母没把孩子当成小主人，而是把孩子当成什么事都不懂的孩子。既然父母觉得孩子什么都不懂，什么都得父母来管，都得父母来操心，孩子当然不会去想什么。久而久之，孩子不仅不会有责任感，连脑筋都懒得动，自己的什么事，自己都不会去想。

不少人抱怨孩子长不大，已经20多岁的成年人了，什么事都不管，什么事都不考虑，什么事都得父母管，都得父母来操心。其实之所以出现这种现象，主要是教育不当的责任。现在许多孩子是独生子女，父母有充足的时间来管孩子，而且管得太多，管得太细，有的孩子不但父母亲管，爷爷奶奶外公外婆也管，这么多人管着，而且都要求按大人的意愿去办，孩子当然不愿意自己考虑，也没法自己考虑，因为更多时候自己考虑了不管用，说了也不算。因此，就养成了孩子不仅不当家，也不闻不问家里的事情，教育成了典型的公子、公主，“衣来伸手饭来张口”，缺什么就向家里要什么，根本不考虑家里的情况，也不知道家里的情况。这样的孩子，不仅没有责任感，也不会知道自己将来要干什么，父母需要他干什么。孩子属于家庭里的一员，让孩子在享受家庭权利的同时也适当分担家庭义务，这既是对孩子的尊重，也是对孩子成长的帮助。父母们应当维护小成员参与家庭讨论的权利。

授予被爱和爱人的体验

微笑是最甜蜜的礼物

微笑不仅仅是一个简单的面部表情，更是一种通向心灵的心语交流。人与人的交流离不开微笑，心与心的沟通需要微笑，对于如何教育好孩子，父母更加需要依赖微笑。因为父母的微笑犹如冬日里温煦的阳光，温暖、关爱着孩子，能瞬间拉近亲子的距离，架起亲子的友谊桥梁。

一个孩子突然将一个鱼缸打碎了，父亲飞奔过去，看见孩子正在洒满水的地上聚精会神地抓鱼时，父亲很生气，一把抓起孩子。孩子被父亲突然的举动吓到了，睁大眼睛诧异地看着父亲。

这时母亲急忙抱过孩子，然后笑着对孩子说了一句话："孩子别怕。"就是这一句，孩子诧异的眼神没有了，喘了一口气委屈地告诉妈妈："妈妈，我只是想看看鱼的脚长在哪儿。"

这个例子告诉妈妈们，请微笑面对孩子，一定要给孩子时间和机会去说话，不要破坏孩子的注意力，孩子打碎鱼缸，的确做了错事，但是犯错的背后是出于对生命的探索好奇，可能就是你对孩子的误解扼杀了孩子探索的动力。微笑是妈妈给孩子最甜蜜的礼物，妈妈要学会用微笑和孩子说话。这种和谐、愉悦的家庭氛围，不仅能给全家带来快乐，更加有利于孩子的身心健康与成长。

妈妈的微笑、平和的心态是培养孩子阳光般性格和心灵的重要保障。孩子是妈妈的一面镜子，言传身教自然意义重大。0~3 岁的婴儿，可能由于妈妈的微笑而奠定开朗乐观的性格，并从小养成一种良好的习惯；3~6 岁的幼儿，可能因为妈妈的微笑而懂得珍惜生活、关爱他人；入学后的孩子，更会因获得妈妈的微笑而快乐、坚强、自信，一步步地带着微笑走出精彩、走向成功。

父母的微笑有种神奇的力量，它能够带给孩子力量与信心，它传达着一份信任与理解，蕴含着一种真诚与关爱，代表了一份支持与赞许。父母无言的微笑胜过千万句语言。孩子在父母的微笑中感受到生活的阳光，在耳濡目染中也学会了微笑面对现实五彩的生活，将来无论遇到任何情况，都能平和地直面生活。他们的人生十分富有，因为生活中还有微笑这一种特殊的礼物陪伴，也相信所有的问题在微笑中也都会烟消云散的。

妈妈的微笑是教育子女的有力臂膀。当孩子淘气、不听话、犯错误时，请妈妈试着微笑地教育孩子，相信这一微笑教育的效果定胜于严厉的训斥。调皮的孩子从小到大听多了大声呵斥，他们有些已经习惯了这种电闪雷鸣式的教育方式，对老师循循善诱的话语往往充耳不闻。

上午课间休息喝水的时间到了，小欣飞快地跑过去，也不管有谁在排队就挤了进去，拿了杯子接了水就往外走，结果不小心把一杯水全都洒在了自己身上，还滑了个大跟头。老师闻声赶过去，看到这幅情景，很是生气，真想好好地批评她一下，但看到她从地上爬起来时那一瞬的眼神——又害怕、又羞愧、又紧张……那企求原谅的眼神使老师又有些不忍心了，刚刚心中升起的一鼓怒气又压了下去，老师知道此时的她已经意识到自己的错误了，如果老师再批评她的话，那或许会让她更难过，不妨把怒气化成一个微笑。于是，老师真诚地笑了笑，并对她说："看你，摔疼了吧？下次注意，好吗？"小欣看到老师笑了，知道一场风波已经平息，紧张的神情一下子舒展了许多，同时也向老师友好地笑了笑，并轻声说："老师，以后我不这样了。"

在接下来的日子里，小欣一改往日里叽叽喳喳的特点，在教室里很安静，还不时地对在喝水的小朋友提醒说："小心点，要排队拿。"

小欣是班上有名的"自由王"，平时老师教育了她多少次呀，可她总是屡教屡犯，没想到一个恰当的微笑竟产生了这么大作用！这使老师忽然感受到这微笑的背后所隐含的无可比拟的力量。

老师的微笑使孩子觉得自己不好意思了，逆反心理也自然烟消云散，这时自觉理亏的孩子也自然很容易听进师长的教诲之言。宽容、理解的微笑不仅能教育孩子，更能赢得孩子的心、赢得孩子的敬重。

其实孩子的心是纯真的，妈妈无意间的一举一动都会深深影响着孩子，对孩子的关心和爱护，每时每刻都在感染着他们。一个眼光，一个微笑，一个动作足以使孩子感到爱的温暖。虽然说孩子的智慧、情绪、意志表现在成人看来往往很幼稚，但就是他们在活动中发挥出的潜力，让你常常会惊讶地发现给你增添的许多惊喜和意外的收获。

爱孩子，不妨直接告诉他

孩子在成长过程中需要糖、蛋白质、脂肪和维生素等各种营养物质，父母为了孩子的健康成长也尽最大努力为孩子补充各种营养素。然而孩子们不光需要物质上的营养品，还需要另外一种特殊的营养物质——对孩子爱的表达。

科学研究显示，如果婴儿能够得到妈妈更多的拥抱和抚摸，那么孩子长大后就会遇事不惊、沉着冷静，并善于调节自己。妈妈的关爱为何与孩子今后的个人素质产生了神奇的关系呢？这其中的奥妙便是拥抱和抚摸会使孩子大脑中的激素水平明显不同，抚摸会使体内的“压力激素”水平降低。这就是触摸与爱抚的神奇作用，专家解释说，触摸能刺激孩子体内分泌更多的激素。此外，触摸还能诱发分泌另外一些激素，这些激素可以促进营养成分的吸收，使孩子保持良好的身体状态。

有报道说，有位年轻夫妇单位距家远，每天早出晚归，每当他们回到家中时，孩子已经睡着了。为此他们感到很内疚，双休日给孩子买来爱吃的食品和玩具，可是孩子又砸又摔。爸爸看到儿子如此“无理取闹”，气急了就狠狠地打他的屁股。可这时孩子却静静地趴在爸爸的腿上任其打，并有一种奇特的满足感。这种情况以后又反复发生，令家长无法理解。殊不知，这正是孩子长期得不到亲人的爱抚与触摸，感情营养失调而产生的变异现象。这种“无理取闹”，实际上是一种无意识地企求父母“皮肤触摸”的反常行为。

心理学家研究认为，人类和其他所有热血动物一样具有一种天生的特殊需求，即互相接触和抚摸。这是一种无声的爱的语言，是必不可少的良性刺激，是儿童发育的心理营养素。这是一种情感上的需求，而这种需求是无法从饮食中得到满足的。孩子们这种天然的感情需要，若能从感觉上给予适当的满足，他们与父母的感情就会更加深厚，会产生良好的心理刺激，大脑的兴奋与抑制也会变得协调，因而能更好地促进大脑的发育和智力的提高。妈妈如果爱孩子，不妨直接用语言和行为告诉他。

如果经常对孩子说“我爱你”“真高兴，你是我的宝贝”等体现对孩子的爱的话语，以及经常拥抱、抚摸和亲吻孩子，会慢慢地给孩子以自信。孩子们长大后注定要在充满压力的环境中生存，而自幼就得到亲子行为温暖的人更能对付社会环境的压力，并避免那些与压力有关的疾病。

因此，为了您的孩子身体、智力的健康成长，一定不要忽视抚摸的作用。家长应积极为孩子创造条件，让他们通过正常、合理的方式来满足这种心理需求。具体说来，应从以下几个方面入手：

首先，建立一个温馨、和睦的家庭。在温馨亲切的家庭和亲密无间的氛围中成长起来的孩子，大多数性格开朗活泼，心理素质好。

其次，尽量自己哺乳。母乳不仅营养丰富，还可以增加母婴之间的皮肤接触，增进母子之间的感情。宝宝在母亲的温暖的怀抱中，安静地“享受”母亲甘甜的乳汁，对促进身心健康、解除“皮肤饥饿”大有裨益。

再次，掌握“皮肤饥饿”的周期性。人的某种需求是有周期性的，孩子的“皮肤饥饿”同样也有周期性。对于婴幼儿，每天至少应由父母搂抱一次，每次临睡前再做一次背部或颈部的按摩。对于大一点儿的孩子，则要全身地搂抱，抚摸背部、颈部或按摩手臂。

最后，想方设法弥补不足。工作极其繁忙的父母，如果没有时间与孩子接触，可托付给爷爷、奶奶或外公、外婆照料，但要嘱咐他们每日搂抱、抚摸孩子，时间不少于两个小时。外出散步、游玩时，不要总是推着童车，也要适当给予孩子搂抱或抚摸。

让孩子学会表达爱

每个父母都爱自己的孩子，恨不得把所有的爱全部倾注在孩子身上，但父母在付出爱的同时，忘记了教会孩子如何表达自己的爱，而不是一味地只知道给予。爱是相互的，父母爱孩子就要把自己的爱以适当的方式传递给孩子。让孩子学会表达爱也是爱孩子的一种方式。

一位妈妈曾向教育专家倾诉孩子不知道体谅自己的辛苦。

> 儿子今年13岁了，从他小时候起，每天我都很辛苦地为他做事，从日常生活的饮食起居，到学习辅导、兴趣培养，都由我一手打理。可是孩子却很冷漠，对我所做的一切毫不领情，我有时抱怨他不知体谅我的辛苦，他反而不耐烦地说：“是你自己愿意做的，又不是我让你做的。”我既生气又寒心，孩子怎么不知道感恩呢？

在现实生活中，有许多父母有类似的困惑：为什么我为孩子做了那么多，孩子却没有心存感激呢？究竟父母应该怎样做，才能让孩子学会感恩呢？父母仅仅爱孩子是不够的，在父母为孩子付出一切的时候，如果没有把爱以适当方式传递给孩子，孩子内心便无法真正感受到父母的爱。孩子不感恩，有很多原因，妈妈可以试图让孩子学着爱人，给孩子表达爱的机会，让孩子渐渐明白父母是如何爱自己的。

为此，父母一方面要引导孩子表达爱，另一方面要对孩子的爱给予积极的回应，使孩子感到他们的爱是父母生活中的一种力量。比如，孩子的爸爸过生日，妈妈可以与孩子一起为他精心准备礼物，做一顿丰盛的美食，孩子可以从中学习如何表达爱。爸爸感动于母子两人的爱心，流露出激动与喜悦，会使孩子得到鼓励和信心。英国教育家夏洛特·梅森认为每个孩子心中都有一个爱的源泉，它唯一的活力就是流淌，而在父母这方则要保持体贴、友好、感恩、孝顺、奉献这些渠道不封闭、不阻塞，而且永远向前流动。让孩子感觉到他们每一次爱的流露所创造的喜悦，从小在家庭中培养感恩之心。当孩子学会对父母心存感激之时，才会把这种情感扩大到他人与社会。

爸爸妈妈让孩子学会表达自己的爱，就要通过以身示范如何爱人。

第三章 ‹‹‹‹‹

“好妈妈就是好导师”，做好孩子的心灵导师

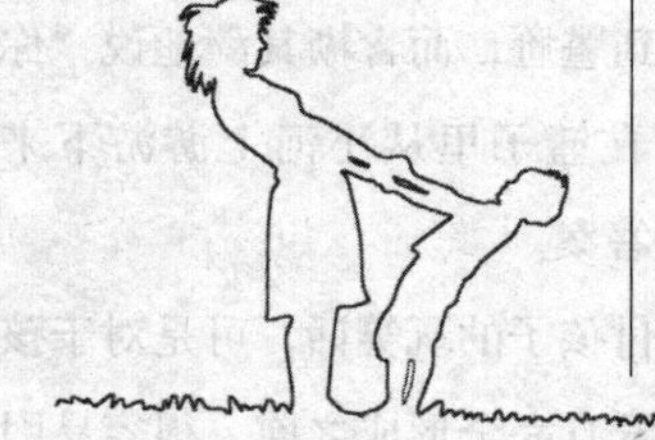

孩子迷茫时，做好心灵咨询师

“妈妈，我从哪儿来”

每个孩子自懂事起就会对自己从什么地方来这个问题深感好奇，提问者的年龄不同，提问对象不同，答案也是多种多样。多数时候，孩子都是向父母提问，而父母常常会感到尴尬，而含糊其辞地说“你是被妈妈从垃圾桶里捡来的”“你是装在篮子里从小河上游游下来的”“你是被天鹅叼来的”等诸如此类的答案。

对于父母来说，这只是一句用来应付孩子的玩笑话，可是对于孩子幼小的心灵来说，在他们的世界观还没有完全形成之前，很容易因此而被伤害。

一个幼儿园教师曾经说过这样一件事：有一天，她发现平时表现很活跃的一个孩子突然自己一个人躲在角落里，也不和其他小伙伴玩。老师觉得非常奇怪，就过去问他：“聪聪今天怎么了，怎么不高兴?”聪聪一下就哭出来了，说：“我问爸爸妈妈我是怎么来的，他们说我是从垃圾堆里捡来的，是不是什么时候我不听话了，他们又会把我扔回去?”

对于孩子来说，父母说的每一句话他们都会相信，父母对于孩子的影响也正在于此。孩子会因为“来自垃圾桶”这句话而想到自己是不是可以偶然地来，或许有一天也会因为这样就偶然地消失，从而开始缺乏安全感，甚至会在此后的人生中形成阴霾。

“生命的起源”这个词在父母的眼里大多数时候等于“性”，而这个词是父母在教育孩子的同时常常忽视甚至逃避的一点。但是，随着孩子年龄的增长，该了解的时候他们必然会了解。与其让孩子自己到时候毫无头绪地摸索，为什么不用科学的态度给他讲述关于他是怎么来到这个世界上的，从而为他树立起正确的价值观和人生观呢?

经典卡通电影《小天使》里有这样一个故事：从前，在妈妈的肚子里住着一颗叫作“卵子”的种子，但是慢慢地，卵子长大了就觉得特别孤单，没有小伙伴和它玩，于是爸爸不忍心，就送了一颗名叫“精子”的种子。精子和卵子玩得特别好，每天都舍不得回家，于是它们就找啊找，找到一个叫作“子宫”的地方住在了一起。

慢慢地，它们长成了有鼻子、嘴和两只眼睛的小天使。小天使每天吸收妈妈给的营养，有时候爸爸妈妈还会为他唱歌、讲好听的故事，讲了整整十个月。

后来，小天使长大了，而妈妈的肚子又太小了。于是，小天使就跑了出来，降临到了这个世界，成了爸爸妈妈的小天使。

这个故事既生动有趣，又把生命形成的整个过程完整地说给了孩子听，让他一想到自己的来源就会感到温暖。他是爸爸妈妈爱的结晶，爸爸妈妈爱他，也愿意保护他，这其中的联系是割舍不掉的，孩子也会因为感到安全而对这个世界充满希望和勇气。

圆圆有一天趴在妈妈肚子上问自己是怎么来的，妈妈笑着指着肚子上一条疤痕，一边摸着圆圆的头一边讲当初生他的过程。

圆圆听了哭得很伤心，抚摸着妈妈的疤痕流着泪问她，“妈妈，现在还痛不痛？”

“不痛，你的出生是妈妈最大的幸福。”妈妈一脸欣慰地回答。

许多孩子会对自己出生的细节好奇而究根问底。家长这样告诉他，既能在说明事实时表达自己孕育他的幸福，孕育的辛苦，也能让孩子从小就拥有一颗感恩的心。感受爱的过程，并且了解真相，这样的经历对于家长和孩子都是一次成长的经验。

如果家长正为此感到苦恼，那么不妨看看以下几点建议：首先，要用正确的心态解答孩子的问题，不要欺骗，不要敷衍。其次，可以采取比直接回答更好的方式来解答，例如将答案用童话的方式或者充满爱意的故事讲给孩子，也可以结合趣味横生的图案，比如《百科全书》，这个时候你只需在一旁指点孩子，也能使他弄清楚真相，在愉悦身心的同时，也能更好地达到目的。最后，可以让你的孩子通过科学书籍了解生命来源的具体细节，并寻找良好的时机，结合你的亲身感受，或许是剖宫产，或许是自然分娩，告诉他并完全表达你的爱，让他了解而不再有疑问，不再有困惑，并且充满勇气地生活。

“妈妈，我怎么和别人不一样”

随着年龄的增长，孩子感兴趣或觉得好奇的事物也会越来越多。

大约从 4 岁开始，孩子就进入了性别敏感期。为了明确自己的性别角色，孩子开始不断提出关于性的问题，关于自己和异性之间的不同，问题层出不穷。这是因为孩子对性不解且感觉好奇，是他们性心理发展的表现。

这个时候，父母的态度对孩子来说尤其重要。是极力回避斥责，还是正确引导孩子，不同的选择对孩子的影响差别也是极大的。

当孩子表现出性欲望时，如果父母比较保守，就有可能会对孩子加以斥责，孩子的性意识被压抑，心理就无法得到满足。有这样一个现象，当人们十分想得到一件东西的时候，你越是不让得到，那么他想得到的愿望就会越强烈，孩子也是这样。当他们心理上得到满足，性意识就会得到发展，也就能很好地对性进行理性的控制。反之，如果孩子的性意识发展被干预，那么他们探索的欲望就会更加强烈。在这种强烈好奇心的驱使下，加之孩子没有正确的常识，他们就有可能做出一些令他们自己和家人后悔莫及的事情，造成不可挽回的伤害。因此，家长要以正确客观的态度对待孩子所提出的关于性方面的问题，给予正确的引导和在孩子接受能力范围之内的解答，以满足孩子的好奇心和探索欲。

在 3~5 岁这一阶段，孩子很容易对异性的身体产生兴趣，问出“为什么他和我不一样”一类的问题。有时这样的问题会让家长不知道怎么回答，但是如果这个问题得不到解决，孩子在你这里得不到答案，性意识得到压抑，就会自己另找渠道去了解答案，而这些渠道有正确的也有错误的。如果孩子找到的是错误方法，那么就会在青春期或以后出现一些错误的行为。家长的正确引导也十分重要，如果引导不当的话，也会为孩子带来不利的影响，有时甚至会令孩子形成沉重的心理压力。

小雨今年5岁了，正在读幼儿园。因为爸爸妈妈工作都很忙，所以她一直住在奶奶家，每天奶奶都会来接她放学。

有一天，奶奶给小雨洗澡的时候，对她说，“小雨以后尿尿的时候不要让男孩看，也不可以看他们尿尿。”小雨就记下来了。

从那以后，她在幼儿园每次上卫生间的时候都会记着关上门，在爷爷和爸爸要进卫生间的时候，她也会大声地要他们出去。

因为幼儿园的小朋友们都是混住的，本来就不避讳这些，于是小雨渐渐地就不愿意再去幼儿园了。妈妈问她为什么，她也只是涨红了脸，小声说：“幼儿园的小朋友都不知羞。”

奶奶的隐私教育是为了保护小雨，但是却过早地让小雨产生了过度的紧张感，这违背了孩子希望探索的天性，让小雨感到只要被任何异性看到了她的身体，就像被侵犯了一样。当她看到了异性的身体，又会觉得自己不是好孩子从而对自己产生否定情绪。这是不适宜孩子的心理成长的。

如果仔细观察和了解孩子的话，家长就会有许多不同的发现，例如孩子会对妈妈的乳房感兴趣，会对男女生理上的不同感兴趣，会对异性产生比同性更强烈的好感，也会因此而感到害羞。这个时候，家长须尽快满足孩子的好奇心，扫除孩子的羞怯感。一旦孩子的好奇心得到满足，羞怯心得到缓解，那么他们便不会过多纠结于此。

对孩子性方面的问题，家长要尽量客观、自然地去引导，即使孩子表现出不好意思的时候，家长也不能因此而回避。作为家长要知道的是，你是他的第一位老师，对他有着至关重要的作用，你对这件事的态度，在一定程度上影响了他以后对这件事的态度。

一位妈妈发现他的儿子上幼儿园之后明显对男同学和女同学的态度不同，特别爱讨女孩子欢心，不仅给女孩子吃自己的零食，还给她们玩儿自己的玩具。

有一次，一个男孩子和一个女孩子一起到他家来玩儿。他不停给小女孩好吃的好玩儿的，而在一旁的小男孩就受到了冷落。家长看在眼里，就笑他说他的眼里只有女孩子。

“异性相吸”，本就是自然法则，在孩子身上表现得明显也是正常的。如果家长为了单纯好玩而借此嘲笑孩子，虽然出发点是开玩笑，但因为孩子此时的分辨力还没有完全形成，他就可能会因为家长的嘲笑而觉得这件事是不正确的，或许从此就不再如之前一样对待异性，因为混乱而不知所措，从而走向另一个极端。

在面对孩子的种种问题或行为时，家长不用觉得尴尬，这是孩子成长过程中的正常反应。用正确的方式来教育，坦然地回答孩子的问题，满足孩子的心理探索欲望，就能顺利帮他们度过性别敏感期。

让孩子没有负担地质疑老师

美国教育家杜威说“理智的自由才是唯一的、永远具有重要性的自由”。无论什么时候，思想上的独立和自由才是保持立于这个世界的基础。要想做一个有所成就的人，首先就要做一个有独立思想的人。然而现实中，很多人所缺乏的，正是这种独立且自由的思想。

美国的一位心理学家在给某大学心理学系的学生讲课时，做过这样一个实验：他向学生们介绍了一位老师，说这个老师是国外有名的化学家。在上课的时候，这位“化学家”拿出了一只装着蒸馏水的瓶子，有模有样地介绍起这是他发现的一种具有独特气味的化学物质，接着就让每个学生都闻了一遍，然后他请闻到气味的同学举起手来。大多数同学都举起了手，心理学家揭晓了答案——原来，这位“化学家”其实是外校请来的德语老师，而这瓶“有气味的化学物质”，其实也是没有气味的。

这个故事其实就反映了当今社会普遍存在的一个现象——“权威效应”。如果一个权威人士说的话，那么即使这话还没有被实验证实，也会被多数人重视并且相信。就像学生多数相信老师所说的话一样，老师的标准就是学生的标准，他们认为如果按照老师说的去做，那么自己也能得到更多的认可，自己所做的这件事的“安全系数”也会随之提高。很多时候，孩子就会因此而丧失了自己本来的思想，变得人云亦云。

一味地遵循“权威效应”对孩子的成长是很不利的，孩子需要有自己独立的见解，不建立在任何人的观点之上。在这个过程中，老师这个角色对孩子独立思考的培养也起着不可忽略的作用。

绝大多数孩子对于老师都是尊敬甚至是有些畏惧的。当老师在某些方面犯了错误，一些孩子敢于提出，也有一些孩子则因为畏惧而不敢发言。有的老师比较小心眼儿，认为自己就是权威，对于孩子提出的质疑直接驳斥，慢慢地，孩子就不敢再有其他的想法，思想也会被禁锢。有的老师在孩子提出不同意见时则会循循善诱，嘉奖孩子的质疑精神，有勇气说“不”，从而培养了孩子勤于思考、敢于质疑的好习惯。如果说孩子是祖国的花朵，那么老师就是祖国的园丁，身为家长，必然要从小教育孩子尊重老师。不过在让孩子尊重老师的同时，也要让孩子知道不能对老师盲目崇拜，鼓励孩子在老师面前提出自己的想法和质疑，即使老师不喜欢孩子的质疑，家长也要呵护好孩子的质疑精神，同时让孩子知道质疑本身是没有错的，质疑老师并不等于不尊重他。如果老师对此仍有异议的话，那么家长要做的，就是及时与老师进行沟通，共同找出一条更好的教育路径。

小圆今年上五年级，有一天思想品德课上，课后作业问为什么要尊重老年人。老师给了统一答案：因为老年人在年轻时为国家做出了贡献。

小圆很不认同，反驳老师说，“老年人里面也有做小偷儿的啊。”可是老师却驳斥了她的这个质疑。

回家以后，小圆委屈地将事情告诉了妈妈。小圆妈妈很赞赏女儿的想法，小小年纪便有了提出质疑的能力，便对女儿说，“老师说得没错，你说得也没有错。不过，尊重他人是美德，但是对于不同的人，尊重的程度也不同。对于为国家做出过贡献的人，应该给予崇高的景仰。而对于一般的人，就要给予人作为人之本身最基本的尊重。”

在质疑和提出新的看法的过程中，小圆妈妈在小圆和老师之间起了协调的作用，孩子在自己的看法与老师相冲突时，会感到委屈，这个时候，家长要对孩子的情绪先进行安抚，带着公正的态度询问是否觉得老师做得不对，自己的看法是否对自己更好，循循善诱，一问一答，让孩子敢于提出质疑，如果事情的本身让孩子认为自己的做法对自己更有意义，那么就要敢于对老师说“不”。

当然，在孩子拥有自己的想法时，也不一定完全是有利于他的，也有可能会过于偏激而伤害到孩子本身。当孩子出现不同想法时，家长首先要对他的想法和勇气表示肯定，其次要引导他逐渐开阔视野，能够接受社会各个方面的人和事，要让他知道除了自己的想法之外，还有千千万万种可以采纳的不同想法，让他慢慢地吸收，慢慢地得到成长，无畏任何事物。总而言之，家长就是要让孩子在拥有健康的批判精神的同时，更有开阔的胸襟气度，以及吸收众家所长的高度。

此外，家长也要与老师在这方面多沟通，彼此得到谅解，保持良好的关系。让孩子拥有出色的创新力，拥有自己独特的想法，成为真正的人才，这其实是家长和老师共同的期望。既然是同一个目标，那么为什么不让孩子在通往这个目标的路上更加方便而快捷呢?

天上不会掉馅饼，帮孩子拒绝外界的不良诱惑

随着社会的高速发展，孩子所能接触到的新鲜事物也越来越多。在丰富了孩子童年环境的同时，也会为关心孩子的妈妈带来一丝隐忧，因为有些事物可能会对孩子的成长发育和心智素质造成不利的影响。为了防患于未然，让孩子早早地脱离这些危险，妈妈就要让孩子学会拒绝外界的不良诱惑。

拒绝诱惑最重要的就是要形成自控力。人的自控能力并非天生就有，而是在后天的环境中，随着对事物认识的发展以及所受的教育影响而产生的。在日常学习生活中，孩子接触最多的非游戏莫属，孩子喜欢游戏这是众所周知的，所以妈妈不妨借助游戏的力量帮助孩子形

成自控力。比如，当孩子玩拼图类游戏或者拆卸旧物件游戏的时候，孩子对于手部动作和材料的专注力较强，但对外界抗干扰能力和自制力较差，同时在反复操作的过程中容易忽略游戏的规则，所以此类游戏就特别能锻炼孩子对游戏和外界的控制能力。此外，一些需要孩子发挥耐心的游戏也可以帮助孩子形成良好的控制力，妈妈不妨多和孩子进行这一类的游戏训练。常进行有目的性的训练，妈妈就能看到满意的结果。

其次，妈妈就是孩子的榜样。孩子在出生后的前几年，对于知识以及新事物的接收和学习主要通过模仿，他们极其容易受到外界的感染，情绪也很容易被周围事物感染，这也是经常几个孩子一起玩儿时，一个孩子哭就能带动全体哭的原因。所以，妈妈要给孩子树立一个易于控制自己的榜样，让孩子看到自己的控制行为，给孩子做好榜样和示范。这样一来，孩子自然就懂得理解关于自控的含义并且能够熟练地运用了。

当然，这个过程是缓慢甚至艰辛的。孩子的不稳定性需要父母有长久的耐心，当孩子表现良好或是较好地控制了自己时，应及时给予适当的奖励，让孩子认为这个活动有趣而且充满挑战，于是孩子就会为了下一个奖励而充满斗志，自控行为的难度也会随之减轻。

这种奖励可以是物质上的也可以是精神上的，但是尽量不要给孩子过多的物质上的奖励，要让孩子从精神上，从内在上，为自己感到满意，为自己的成果感到满足，形成家长与孩子之间的习惯。需要注意的是，当孩子按照要求或标准做了以后，家长就要及时兑现自己许下的诺言，不能让孩子对家长失望。只有家长言出必行，孩子才会养成同样的好习惯。

除此之外，妈妈还要让孩子了解不同诱惑之间的区别，哪些诱惑会让自己犯错，哪些诱惑会伤害到别人，哪些诱惑甚至会影响到自己的人生，这些都是要一一说明的。孩子在小的时候并没有准确的判断力和明确的是非观，只有不断地进行渗透和正确的引导，才能确保孩子的身心健康成长。

2009 年 3 月 10 日，2000 多名母亲和孩子齐聚华南师范大学附属中学体育馆，联合签名呼吁帮助孩子抵御网络诱惑，万名母亲网络签名，期望孩子与家长共同搭建一个抵御不良网站的平台，遇到随便让不满 18 岁孩子进入的网吧和不良网站，及时举报。

被采访的华师附中高一年级的一位姓张的同学说，网络有自由平等但也有虚伪，她不高估自己的自制力，所以希望家长能够帮助自己。此外，她还发布了倡议书，倡议妈妈们要多与孩子沟通，与孩子一起应对网络中的种种问题，一起解决，以培养孩子良好的分辨能力和自我控制能力，远离有害信息。

从以上事例当中不难看出，父母除了要让孩子逐渐养成自控的习惯外，还要让孩子知道为什么要抵制诱惑，用实际行动来告诉他。当孩子看到父母所做出的正确的引导后，就会知道如何去抵制，以及抵制的方法。

磨砺孩子的意志，培养孩子顽强的毅力，这是抵制诱惑的根本。最后，还要有慈悲善良的心，孩子的本性总是好的，只有多加指点，列出事实的正面反面，多引导孩子去考虑别人的感受，才能让孩子远离诱惑。

孩子有压力时，当好心理治疗师

及时去掉心理包袱，让孩子轻松前行

美国自然科学家、作家杜利奥曾经提出过这样一条心理定律，并将它命名为“杜利奥定律”——没有什么比失去热忱更可怕，一旦失去热忱，人便垂垂老矣。这条定律要说明的是，如果人的精神状态不佳，那么一切都将处于不佳状态。从根本上来讲，杜利奥定律要说的就是人与人之间其实只有极其微小的差距，可就是这微小的差距，却可能会导致人成功或失败。如果差距的属性是积极的，那么就是成功；如果差距的属性是消极的，那么就是失败。换句话说，成功与失败只在一线之间，而这条线，就是人的心态。

在宜男的记忆里，从来就只有他的爸爸和爷爷奶奶。由于妈妈的早亡，他从小就过着单亲家庭的生活。

每次看到同学朋友和爸爸妈妈一起合家欢乐的时候，他就由衷地感到羡慕，而且总是梦想着自己也能得到爸爸妈妈共同的呵护和关爱。但是，他也知道那是不可能实现的，所以上初中之后，他就

变得越发消沉，内向话少，很少和同学打闹，有意地封闭自己，越来越孤僻。

他知道自己的梦想永远不可能实现了，所以就把寄托放到了高考上，一心要考出好成绩，考进理想的大学。可是，一年以前高考时，因为之前用脑过度又过于紧张，他在考场上出现了记忆空白，惊慌失措等症状。也正是因为这样，他落榜了。这一年的九月，当他看到昔日的同学纷纷进入大学校园时，不免开始感到深深的自卑。从此以后，宜男就患上了忧郁症，身体也越来越不好了。

情绪的作用是巨大的。对于孩子来说，孩子比大人拥有更敏感更脆弱的心灵，这在孩子青春期时体现得尤其明显。因为这个时期孩子的心理还没发育健全，还没有足够的应对能力，所以在面临挫折或是突发意外时，往往会有比较大的情绪浮动，表现为叛逆心理、易烦躁、情绪多变等。

孩子的心灵是很脆弱的，"忧郁"这个词常常在孩子的人生中成为一大阻碍，孩子会因为不同的事而情绪低落。父母是孩子最好的呵护者，也应是孩子最好的心理治疗师，因此要密切注意孩子的情绪发展状态。当孩子出现负面情绪时，要站在孩子的角度分析他的顾虑，及时帮他厘清自己的情绪，去掉心理包袱，让孩子步履轻盈地走过成长之路。

作为家长，当孩子出现负面情绪时，不能自乱了阵脚，要时刻保持冷静，理性地和孩子一起去面对事物的利与弊，引导孩子回到正常状态上来。或是还可以帮助孩子发现有趣的事物以转移他的注意力。当孩子充满负面情绪时，他的注意力往往很难从当前这件干扰他心绪的事情上转移开，所以妈妈不妨多让他出去和同学玩儿，或是发掘他的兴趣。最重要的是，要告诉你的孩子无论如何你都在他的身旁，让他感到自己不是孤立无援的，“没有什么问题解决不了”“开心面对每一天”。积极的心态能战胜一切，让孩子获得心灵上的支撑。

小静家境优越，又是家中独女，所以从小就被家人抱以很高的期望，她对自己的要求也很高，成绩一直很优秀，每次考试也是名列前茅。直到有一次期中考试前，小静因为感冒发烧没有复习好，所以那次考试不是很理想，为此小静一直闷闷不乐，不过她的父母并没有因这次考试责怪她，反而鼓励她下次加油。但是，从那以后，小静的心情再也没有以前那么好了。为此，小静妈妈为女儿请了假，并和班主任谈论了小静的情况。班主任也发现，自从期中考试后，小静就变得沉默寡言。后来，小静好像封闭了自己，成绩下降，记忆力下降，人也不再开朗……

不被注视的失落感、失去自由玩耍的机会等，这些都有可能成为导致孩子抑郁的原因，会让孩子感到不快乐、忧郁和恐惧。如何让孩子摆脱这些负面情绪，甩开不必要的包袱，重新变得快乐起来，也是妈妈最需要注意的地方。

比较好的办法是，多鼓励、多倾听，让孩子用自己的方法减轻压力，比如大哭一场，或是通过运动来排解不良情绪。孩子不像成人那样善于运用倾诉的方法，所以有的时候他们并不能够有效地通过交谈来抒发缓解自己的负面情绪，或许是因为无法正确表达自己的意思，或许是因为觉得家长和自己有代沟无法说到一起去。这个时候，身为最关心孩子的妈妈，就要少说教多倾听，多从小细节处发现孩子的想法，听他说出心中的烦恼。即使孩子并不能完整地表达出他想说的意思，也能让他感到妈妈是能够理解并支持他的，这自然能缓解他心中的紧张情绪，产生安全感，减轻烦恼，及时从困扰中抽离出来。

理解孩子，小孩儿也会“心累”

小迪由于刚刚上了初中，对初中的学习和生活不太适应，所以每天疲于应对各科作业，各种课堂小测验更让他感到应接不暇，后来干脆书本都懒得碰，总是用尽各种方法逃避上学，迟到早退，赖床，无所不用其极，最后索性不再去上课。

小迪的父母很是着急，怎么劝说都没用。问她原因，她也只是说看不清黑板上老师的板书或者身体不舒服等。面对父母的责备，小迪的情绪也反反复复，今天说一定会努力，争取考上重点高中，明天又说不考了。

小迪的情况其实就是学习上的疲劳。学习上的疲劳分为两种，一种是生理性疲劳，这种疲劳通过短暂的休息就能得到消除；另一种是心灵上的疲劳，这种疲劳单靠休息是不行的，小迪这种正是由于功课和考试的紧张所导致的心理上的疲劳。当孩子遇到类似情况时，妈妈就需要多加注意了。

一般情况下，心理疲劳表现为无精打采，对曾经爱好的事物也提不起兴趣。举例来说，体育场上的运动员比赛，胜利的一方会因胜利的喜悦而冲刷掉疲劳显得生机勃勃，失败的一方则通常会表现得懊丧不已，甚至会短暂地失去信心。即使提起精神应对下一场比赛，也会失去热情，丧失斗志。

别以为孩子年纪小，就不会感到疲劳。孩子同样会出现心理疲劳的现象，具体到行为上，就会表现为不想上课、不愿做作业、注意力无法集中、对父母过问学习上的事表现得极其不耐烦、上课打瞌睡、下课也不够活跃等。这种心理上的疲劳一般都不是突然发生的，而是长时间的压力过大导致精神紧张所造成的。长期在这种紧绷状态下，孩子就会因为精神后劲供应不足而产生心理疲倦，学习精神也随之衰竭。这就像心脏血液的供给，一段时间内处于高速供应状态，一旦出现不佳状态，那么就很容易出现心脏衰竭的情况。

科学家研究表明，如果只讨论大脑的话，大脑即使在工作 8 到 12 个小时之后，也完全感受不到疲倦。那么，孩子的这种疲倦感又是从何而来呢?

如果让一个成年人连续不断地做一件事情时，他也会感到厌倦，孩子就更是如此。厌倦的情绪会令人提不起精神，做事无力也无热情，进而形成心理上的疲劳。如果妈妈发现孩子已经有心理疲劳的迹象，那么就应帮助孩子放松，多和孩子唱唱歌、听听音乐、做做游戏等，多让孩子感受生活的乐趣，同时放松身体。有的时候，身体疲劳的减轻也有助于心理疲劳的缓解。

对孩子过高的期望也会给予他沉重的压力，进而造成心理疲劳。如果孩子达不到家人的期望值，就有可能会对自己的能力产生怀疑，甚至还会自暴自弃，这无论是对孩子当前的学习还是今后的生活都会造成极其恶劣的影响。身为孩子的妈妈，更要经常对孩子表达鼓励之情，巩固孩子的自信心，即使他取得了一丁点儿的进步，也要及时进行鼓励。成功是一步一步走出来的，即使孩子一时失败了，也要相信他，不要让他过于自责，因为一定的自我反省可以让人得到发展，但如果过于自我苛责的话，非但不会发展，反而会让孩子消极。

股神巴菲特曾经这样总结他的商业经："我和你没有什么差别。如果你一定要找一个差别，那可能就是我每天有机会做我最爱的工作。如果你要我给你忠告，这就是我能给你的最好忠告了。"比尔·盖茨和巴菲特总结的也是差不多的："每天清晨当我醒来的时候，都会为技术进步给人类生活带来的发展和改进而激动不已！"可见，保持积极的心态，对所做的事情充满喜爱之情，是避免心理疲劳的最有效办法。

因此，妈妈就要在平日的生活中多挖掘孩子的兴趣，让孩子对所做的事物充满喜爱之情，让他摆脱疲倦的状态重新释放出活力，这是最重要的。对于学习来说，不以分数为衡量孩子价值的标准，不做横向比较，多做纵向比较，和孩子一起理好近期和远期的奋斗目标，这是父母最应该做的事。

总而言之，当你的孩子对事物感到厌倦时，不如就让他停下来歇一歇，告诉他"爸爸妈妈理解你""你做到现在已经很棒了，对自己的要求要符合你自己的实际情况，不要过分苛责自己""只要你尽了力，无论什么结果，对于妈妈来说都是最好的"，让孩子感受到来自父母的关心、理解和关爱，这是解除他心理疲劳最有效的办法。

开心的父母才有快乐的孩子

对每个妈妈来说，让孩子生活得幸福快乐，让孩子时刻感受到自己被爱和快乐所包围，是宁愿倾自己所有也愿意为孩子实现的。从某些方面来讲，孩子的幸福就是为人父母的幸福，当你忙碌一天回家，看到孩子那张洋溢着快乐阳光的脸时，便会觉得再辛苦也值得。

如何才能让孩子体会到幸福快乐呢？妈妈永远都是孩子的典范，一个懂得营造家庭轻松气氛，让家里充满温馨，懂得如何让生活轻松而快乐的妈妈，对于孩子的成长中所起的作用是老师或者孩子周围任何其他人都替代不了的。美国作家杜利奥曾说过，只有开心的父母，才有快乐的孩子。

金金是一名小学生，学习成绩优秀，还弹得一手好钢琴，同学们都很羡慕他有一个作曲家爸爸。可是金金却一直闷闷不乐的。有一次，金金去同学家里玩儿，这个同学家里条件没有自己家里好，但是家庭很温馨。回家的时候，金金拉着同学妈妈的手说：“阿姨，我真想住在你们家！”原来金金的爸爸总是忙于自己的工作，由于工作的特殊，爸爸的眉头总是皱得紧紧的，每当缺乏灵感他更是会大发雷霆。这种情况下，金金的妈妈总是一声不吭地躲进房间抹眼泪。

对于孩子来说，家庭是可以避风的港湾，即使受到再多伤害，只要一回到家，就能重获安全了。在一个幸福快乐的家庭里成长起来的孩子，比那些在不幸家庭里的孩子要幸福得多，因为他们从小被快乐的氛围所感染，自然就会有乐观的性格，遇到事情能以乐观的心态看待并积极地想办法去解决，而不是消极地逃避或者听之任之。

孩子的情绪很容易受到大人的影响。做一个快乐的妈妈，比做一个为了孩子而放弃了自己的快乐的妈妈，为孩子带来的幸福要更加长久。有些父母省吃俭用一生，为孩子牺牲太多，每天很少有余力去开拓自己的兴趣，这也相当于放弃了自己的一部分快乐。每个人都有自己的精神世界，放弃了自己兴趣和快乐的父母无形中就会将自己放弃的东西寄托在孩子身上，这样一来免不了会给孩子带来压力。试想，一个背负了巨大压力、生活在没有欢声笑语的家庭里的孩子，又怎么能感受到快乐呢？

小林在和朋友的一次聊天中，回忆起了年幼时爸爸妈妈为了节省从未吃过一顿好的，从未穿过一件好衣服，感慨不已。于是，他下定决心："一定要舍得为自己花钱，平时多出去玩玩儿，和朋友到处逛逛，要让自己开心，不要想着为孩子省钱而放弃了自己的快乐。即使你已为人父母，也有享受自己生活的快乐的权利。"

小林的一位朋友对此也深感认同。她的妈妈是一位永远懂得如何追求自己的生活目标的人，"每次想到她，我就可以全身都充满活力去追求自己的目标，战胜困难。"

只有自己先感到快乐，才能带给别人快乐。只有家长自己心灵得到充实以后，才会由内而外呈现乐观积极的状态，并将这种乐观积极的心态传递给孩子。拥有物质上的一切并不代表快乐，真正的快乐是极易感染到他人、让他人从心里感到温暖和快乐的。营造和谐快乐的家庭氛围，将自己的快乐传递给孩子，就能让孩子更快乐。

要营造和谐快乐的家庭气氛，妈妈不妨偶尔制造一些意外的惊喜。比如，圣诞节的时候给自己戴一顶圣诞帽，然后在孩子的鼻子上放一只红红的麋鹿鼻子，让他觉得很滑稽也很快乐。再如，休息日带着孩子出门踏踏青，多接触大自然，给孩子一个可以接触新鲜事物的机会，培养他开朗豁达的心境。

有这样一个说法，“一个人一天需要 4 次拥抱才能存活，8 次拥抱才能维持，16 次拥抱才能成长。”当你心情愉悦的时候，就不要吝啬表达你的快乐心情，不妨笑出声来。有的家长为了保持威严，经常在孩子面前摆出一副严肃的形象，殊不知，那只会让孩子不敢再与你接近，而笑声则能让你与孩子的距离更加贴近。父母们，不妨多笑一笑，在有益自己身心的同时，也能让孩子得到快乐。

爱能让孩子从沮丧中重生

如果家长总是对孩子提出过高要求，孩子又因为本身的原因不能达到的话，那么家长就可能会说出一些严厉的话来教育孩子，比如“你怎么这么笨，连这个都做不好”“你看看隔壁家的孩子，他比你好多了”“这题这么简单”等。孩子的心灵本就是脆弱的，他们也希望能做好一件事，但是一旦某件事情没能做好，没有达到家长的标准，被家长苛责，这就无异于往他们脆弱的心灵伤口上撒盐，会令他们对自己产生怀疑，变得沮丧不得志。心理学研究表明，当一个人长期处于挫折和失败所带来的不良情绪时，会产生绝望的感受从而对人生失去信心。

著名心理学家马丁·塞利格曼和梅尔针对以上现象做过一个实验，他们将一条狗放进笼子里，笼子里放一块儿隔板，这个笼子的一端由金属制作，所以通电后就会引起电击反应。但是只要狗越过隔板就能避开。

他们把这条狗安置在金属的一边，只要一通电，狗就跳过隔板跑到不是金属的一端，开始几次如此反复。又一次通电时，他们把狗约束住不让它跳过，有几次狗挣脱不了只好在原地痛苦呻吟。后来，心理学家把约束解除不再限制狗的行为，可这时的狗已不像先前那样会跳过隔板，而是还停留在原地痛苦不堪直到电击解除。

狗在多次电击无法逃脱之后产生消极反应，进而感到绝望，对可以生存的机会毫无反应，这种现象在心理学上就被称为“习得性无助”。这个实验推及于人，也得到了类似的效果：当一个人对某个事件多次努力但是都失败后，那么他就会停止尝试。如果这种情形出现得太过频繁，那么就会产生对凡事都无能为力的消极心理。

孩子也会如此。如果经常要对他进行一次又一次的否定，那么他很容易会产生自责、自卑、无助和退缩心理，最终导致他对失败的经验产生习得，无法走出失败的圈子。当孩子在学习和生活中只能得到习得性无助，那么这些对于教导孩子成长的意义又何在？

王兰如愿以偿地进入了一所重点初中，这让她很高兴，学习也很刻苦。但是慢慢地，她发现比她刻苦的同学不少，成绩比她优秀的更是很多，这让以前一直是班上顶尖学生的王兰压力很大。在一次考试中，王兰只在班上排到了中等名次，还有她最得意的数学也只得了个刚刚及格的分数。这让王兰非常沮丧。

她没有放弃，继续努力。可是又一次摸底考试分数下来时，她的名次竟然又下滑了10名，这让王兰的自信心很受打击。班主任把她叫到了办公室，严厉地批评了她，她觉得自己很委屈，即使努力了也不能成功，未来变得十分渺茫。自那以后，尽管王兰还是在努力，但是成绩依然在下降。以前的辉煌已经成了遥远的过去式。

后来每次班主任找她谈话，她都只回答“我不行”，渐渐地，这三个字成为王兰的口头禅，作业也经常不做，上课不专心听课，放学也不再复习当天所学的科目。

缺少表扬的孩子会对自己缺乏信心，从而对自己能做到的事产生畏惧心理，然后退缩，变得不再主动地做一件事，长此以往甚至会产生一种对一切都漠不关心的态度，对自己失去信心，对生活失去斗志。

漠视和责备可以让孩子在沮丧中沉沦，而爱则能让孩子从沮丧中重生。因此，要避免孩子产生习得性无助，最好的方法就是家人多给予理解和关心。当孩子遭遇失败或挫折时，父母无论如何都不应去指责孩子，而是应当给予爱和鼓励，肯定孩子做得对的地方，给予他积极的评价。

妈妈要给予孩子积极的评价，这不单是关于孩子的学习，还要在孩子的各个方面。比如，孩子今天体育课跳高跳出了一个新高度，这在以前是孩子做不到的，就要及时告诉他这非常棒，让孩子感受到妈妈的爱。并且让父母的爱围绕在他身边，给孩子营造一个充满安慰，适宜鼓励的环境，让孩子觉得不孤单。

俯身看看孩子的眼睛吧！让孩子无须再用仰望的目光看你，“加油，你可以的”“做得很好”这些亲切的语言则能让孩子备受鼓励，让孩子相信自己是可以做到的。创立一个轻松自在的环境，善于发现孩子的闪光点，对孩子进行积极的评价，让孩子在充满爱的环境中自如发展，这是每个称职的父母都应该做到的事情。

及时扑灭不正常的小火苗——消除孩子的心理障碍

恐惧症：生活是黑暗的

涂涂今年9岁了，是个勇敢、坚强的小小男子汉，打针的时候眉头都不皱一下，平时最喜欢带着小朋友玩探险游戏。可是，有一天涂涂和小朋友玩儿的时候，不知道从哪里蹿出一只野猫，涂涂一见，立刻打了个哆嗦，大叫一声，转身没命地往家里跑。原来，涂涂最怕猫了。还是涂涂小的时候，妈妈带涂涂去公园，把他放在长椅上。忽然有一只猫被淘气的孩子追得慌不择路，竟然一下子跳到了涂涂的脸上，还把他抓伤了，涂涂吓得大哭。从那时开始，涂涂就非常怕猫，连动画片《猫和老鼠》都不敢看。

其实，涂涂怕猫是恐惧症的一种表现。

儿童恐惧症，是指儿童对日常生活中一般客观事物和情境产生持续的、不现实的、过分的恐惧、焦虑，达到异常程度。

虽说恐惧心理是一种痛苦的情绪体验，但它是一种自我防御机制，它会促使人们快速离开危险的环境和物品，显然是有利的。正常儿童对一些物体和特殊情境，如黑暗、雷电、动物、死亡、登高等会产生恐惧。每个儿童都要经历由不怕到怕的心理演变。

不过儿童的恐惧也分异常和正常两种。如果儿童的恐惧程度轻、时间短，没有超越儿童的年龄、认知水平和环境，则可以视为正常。反之，如果恐惧持续的时间较长，超越了儿童的年龄、认知水平和环境，或明知某些物体或情境不存在危险，却产生异常的恐惧体验，就应当视为异常。患儿会由于恐惧产生退缩或回避行为，不易随环境和年龄的变化而改变，任何劝慰、说服、解释都没有用，严重影响着儿童的正常生活和学习。

儿童恐惧症根据内容可分为三大类。对损伤的恐惧，如怕鬼怪、怕受伤、怕出血、怕生病、怕死等；对自然事物和现象的恐惧，如怕黑、怕高、怕打雷、怕动物等；社交性恐惧，如怕陌生人、怕上学、怕考试、怕当众讲话等。

儿童恐惧症是一种心理性的问题，最有效的办法是心理治疗。首先应明确引起恐惧的诱因，然后有针对性地进行治疗。

认识治疗法：帮助患儿建立信心，分析恐惧对象，使患儿充分了解怕的对象，从而正确评价自身及恐惧对象。

暴露治疗法：将患儿骤然呈现在恐惧对象之前，刺激其建立对恐惧对象的正确认识。这种方法治愈速度快，但是刺激性太强，患儿必须有一定的身体条件。

最为常用的方法是系统脱敏法，这是目前被认为治疗恐惧症最安全而有效的行为治疗方法，即设定阶梯性恐惧值，循序渐进地消除其恐惧心理，先用轻微的较弱的刺激，然后逐渐增强刺激的强度，让患儿逐渐适应，使之对刺激的恐惧程度逐渐降低，最后达到消除恐惧症的目的。

引起儿童恐惧的原因多种多样，但主要有两种因素：先天遗传和后天习得。研究发现，多数儿童恐惧症的起因是后天习得的，也就是说，儿童生长所处的环境和接受的教养方式至关重要。比如，家长对不听话的孩子采用恐吓的办法，当着孩子的面毫无顾忌、绘声绘色地讲述一些可怕的情形等，会造成儿童恐惧心理，严重的会形成恐惧心理障碍。过分严厉和教条化的教育，过分粗暴或压抑的环境，也会诱发儿童恐惧症。

家长要注意从细微处做起，防患于未然，防止儿童异常的恐惧。有意识地防止将自己的恐惧传达给孩子，注重培养孩子独立生活和解决问题的能力与胆量，对孩子不理解的事物进行解释，尽量避免孩子接触恐怖书刊和影视，平时鼓励孩子多交朋友，多做交流，培养孩子乐观向上的生活态度。如果孩子的恐惧表现并不严重，对正常生活和学习没有影响，就没有必要渲染和过分关注，让孩子在成长的过程中慢慢适应。

抑郁症：童年是灰色的

洛洛是老师和家长眼中的好学生、好孩子，学习成绩好，每门功课都很优秀，家长也以此为傲，对她抱有极高的期望，老师也经常表扬她，要小朋友们都向她学习。有一次考试，洛洛因为发烧，身体不舒服，精神不集中，没有考出理想的成绩。慢慢地，大家发现，洛洛变得沉默寡言，也不爱和小朋友们玩儿了，上课的时候发呆，整天都没精神。家长以为洛洛生病了，带她到医院也没检查出有什么问题。医生认为洛洛是因为家长和老师的过度期望，心理压力太大，加上第一次遇上挫折（考试失利），精神受创，患上了儿童抑郁症。

到底什么是儿童抑郁症呢？

儿童抑郁症是指由各种原因引起的发生在儿童时期以持续心情不愉快、情绪抑郁为主要特征的心理障碍或情感性障碍。抑郁对儿童的身心发展十分有害，会使儿童心理过度敏感，对外部世界采取退缩、回避的态度，对儿童身体健康也有不利影响。

一般来说，儿童在日常生活中因遇到挫折等而表现出悲伤、焦虑等情绪都是正常的，通常随着时间的流逝，都能自己调整好，重新高兴起来。但是，如果儿童在环境改善后仍不能摆脱抑郁的心境，并导致不能正常生活和学习的，那很可能是患上了儿童抑郁症。

儿童患上抑郁症会在情绪、身体、行动上有所改变。情绪上，抑郁症儿童会突然变得沉默寡言、情绪低落、胆小怯懦、对事情没有兴趣、常伴有自责自罪感等。身体上，抑郁症儿童会出现食欲不振，睡眠障碍或嗜睡，疲劳乏力、胸闷心悸等不适症状。行动上，抑郁症儿童一般有两种表达形式：外向型症状和内向型症状。外向型表现为脾气暴躁、冲动不安、喜欢顶嘴等；内向型表现为注意力不集中、经常发呆，与同学关系疏远等。

儿童抑郁症的诱因有很多种，主要是心理刺激方面。比如受到歧视或者虐待，使儿童心灵受到创伤，长期处于自卑状态，认为自己处处不如人，抑郁成疾；家庭动荡、失去亲人、父母离异等使孩子心灵蒙上阴影；家长期望过高，管教过严，超出孩子承受能力，导致其压力过大，情绪紧张；儿童生活环境闭塞，缺乏交流，感情压抑，情绪不能充分发泄；等等。

家长作为孩子最亲密的人，也应该是帮助孩子远离抑郁的最好的医生。

营造温馨愉快的家庭氛围。父母在孩子面前要注意自己情绪的表达，避免专制的家长作风，关心孩子，尊重孩子，理解孩子，多跟孩子进行交流，接受孩子的倾诉，让孩子充分体会家庭生活的亲密和温馨。

鼓励孩子多交朋友。多组织孩子们的集体活动，教会孩子与他人融洽相处，培养孩子广泛的爱好和乐观宽容的性格，让孩子在交往中体会友情的温暖。

对孩子的教育要适度。根据孩子自身的能力和兴趣进行培养，不要对孩子期望过高，避免对其造成心理上的压力，适量给予孩子一些时间和空间，让孩子自由发展。

提高孩子抗压抗挫折能力。对孩子克服困难给予充分的肯定和鼓励，培养孩子的自信心和应对逆境的能力，避免过度保护，教孩子学会忍耐，在困境中寻找精神寄托，如运动、书画等。

对已出现抑郁症状的孩子，首先要分析孩子抑郁的原因，消除环境因素的影响，此外，要帮助孩子建立积极的态度，指导孩子调整情绪并进行适当的发泄，如倾诉、哭泣等，释放消极的情绪，恢复心理的平静；陪孩子做一些开心或是振奋的事情，以愉快的心情抵消消极情绪；实行目标激励，帮助孩子树立目标，使孩子有方向感。也可根据具体情况采用药物治疗或者心理治疗。需要注意的是，儿童抑郁症严重时会伴有危及生命的消极言行，对于有自杀倾向的孩子，家长要高度警惕，严密监护，并请心理医生进行长期治疗。

缄默症：沉默不语

小牧从小就胆小怕生，家长带他出去，碰到了熟人，他都躲在父母身后，问他话也不回答。妈妈以为可能是孩子个性胆小、害羞所致，以后长大就好了，也没有重视。谁知道，小牧上学后情况变得更严重了，不但不喜欢和别的小朋友一起玩儿，老师点到他回答问题时，他也不说话，要不就是用点头或摇头来回答。老师将情况跟妈妈讲后，妈妈很奇怪，小牧在家和邻居的小伙伴也玩儿得很开心，除了胆小一点儿，也没有什么不正常的。

其实，这是儿童缄默症的表现。

儿童缄默症是指患儿智力发育正常，言语器官无器质性损害，但不愿用语言表达自己的意见或回答问题，取而代之以书写或手势或摇头、点头的动作与人交流，表现出顽固的沉默不语。

缄默症患儿并不是不能说话，他们有正常的言语理解及表达能力，只是因为心理作用的影响，导致他们不愿意说话，其实质是一种社交功能性障碍。

缄默症根据儿童在不同环境中的表现，可以分为全面性缄默和选择性缄默两种类型。前一种类型的儿童在任何场合中都不喜欢说话，或者是拒绝说话；后一种类型的儿童在已获得了语言能力后，因为心理或精神因素，在某些场合中始终保持沉默不语，“缄默”状态对环境和对象具有高度的选择性。

选择性缄默症多在儿童 3 ~ 5 岁的时候发病，胆小、害羞、孤僻的儿童身上多见，女孩发病率高于男孩。大多数患儿在陌生环境中表现为沉默不语，长时间一言不发，但是在家里或是熟悉的人面前讲话，甚至表现活泼，如父母、亲人、某些小伙伴等。少数患儿正好相反，在家不讲话而在学校或陌生场合讲话。缄默时，患儿会采用动作手势等代替语言来表达自己的意见，如点头、摇手等，或仅用简单的字眼儿来表达，如“是”“不”“要”等，偶尔也会用写字的方式来代替，部分患儿拒绝上学。

儿童发生缄默症的原因很多，有儿童自身性格因素，如患儿往往具有敏感、胆小、害羞、脆弱等性格特征；有家庭因素，如家庭封闭、隔代抚养、父母过于保护等；有发育因素，如语言能力发育延迟、功能性遗尿等发育性障碍；也有心理因素，如在受惊吓、初次离开家庭、环境突变或其他明显的精神刺激后发病。部分缄默症病例与遗传因素有关。有部分观点认为，儿童保持缄默是出于自我保护，排遣不安的心理感受。

儿童缄默症会严重影响儿童的正常生活和社会性发展，因此一旦发现征兆，要尽早治疗。缄默症是心理障碍，治疗上应以心理治疗为主。

避免刺激。尽量避免各种会给孩子造成心理影响的刺激，消除紧张因素，提供平和安宁的生活和学习环境，鼓励孩子积极参加各种集体活动，引导孩子学会和别的小朋友交往，邀请老师或小朋友到家中做客，在孩子熟悉的环境中同客人进行交流，培养孩子广泛的兴趣爱好和开朗豁达的性格。

营造宽松自在的家庭环境。家长要戒骄戒躁，改善家庭关系，减少对孩子的粗暴呵斥，营造温馨和谐的家庭氛围，不要让孩子生活在恐惧和紧张之中，解除孩子的心理压力和困扰。

淡化言语问题。对于孩子的缄默，不要过分关注，否则孩子很难放松下来，更不能逼迫孩子讲话，以免进一步加重孩子紧张焦虑情绪，甚至出现反抗心理。可以采取转移注意力的方法，如陪孩子做游戏、讲故事、外出游玩等，分散其紧张情绪。

诱导矫正。对孩子多鼓励，当孩子主动和客人交流时，包括眼神、手势、躯体姿势、言语等，要给予赞扬，孩子一开口，就要及时地鼓励，增强孩子的自信心。也可以用孩子最想要、最喜欢的东西作为奖励，诱导孩子说话。

每天半小时。家长每天固定至少半小时的时间同孩子说话，跟孩子聊他们喜欢的话题，如小猪佩奇、奥特曼等，并允许孩子不做回答，消除孩子内心的紧张和焦虑。

症状较重的患儿要在医生的指导下采用药物治疗。

孤独症：蚂蚁比小伙伴更有吸引力

已经4岁的小鑫平时不怎么爱说话，近几个月来越来越沉默寡言。他不喜欢跟同龄的孩子一起玩耍，总是一个人躲到角落，对身边的事情没有任何兴趣和疑问；并且每天都在反复而毫无目的地翻着同一本书。小鑫在幼儿园也是整天一个人待着，不与其他小朋友交往，明显愿意离群独处。这些奇怪的行为被幼儿园的老师发觉，于是幼儿园的老师及时向小鑫的父母反映，而小鑫的父母同样发现，小鑫对于身边的亲人的感情很冷漠，对身边发生的一切事情都没有什么反应；即使对于妈妈的关心他也不在意。

小鑫到底怎么了？又是什么原因导致他现在的状况？经医生诊断，小鑫患上了儿童孤独症。

在当今社会儿童孤独症是一种多发疾病，它发病年龄主要在2周左右，并且男孩患病概率大于女孩。儿童孤独症的症状主要有：言语障碍，患儿症状主要体现在平时很少主动与周围人交流，并且对于周围人有种“恐惧”的状态，整天沉默寡言，异常地安静；情感冷漠，对于父母朋友的感情没有回应，情绪低落；喜欢独处，对于周围发生的事情没有兴趣，没有主观参与的意愿，并且表现出“逃避”的状态；语言能力缺乏，患儿不善于并且不主动与人交流，会用一些肢体语言来表达自己内心想法，表现出“懒惰”的状态；智力低下，多数患儿智力较于常人低下，患儿平时会把自己的感情倾注于如一个毛绒玩具，一个杯子，并产生依恋的神态，平时会把它们作为倾诉的对象，较于家人，患儿更喜欢选择跟它们说话。

儿童孤独症的病因至今尚无定论，但是不大可能由心理社会因素引起，可能与遗传因素、器质性因素以及环境因素有关。有资料表明至少有一部分病因与遗传有关，患儿家族中患孤独症和语言障碍的概率较正常人群高；脑损伤、母孕期风疹感染等器质性损伤也可能导致儿童孤独症；有人认为幼时生活单调，缺乏适当的刺激，没有教以社会行为，是发病的重要因素。

据不完全统计，我国现在儿童孤独症的患儿有60多万，平均1000个小孩子中就有4个儿童孤独症患者，并且每年还在呈上升的状态增长，目前我国还没有成形的治疗方案，心理治疗是目前采用最多的最有效的方法。

家长如果发现孩子有以上的状况应尽早采取措施，6岁以前为治疗的最佳时期，家长可以尝试干涉教育的方式，比如花更多的时间陪陪孩子，例如讲故事、做游戏等让孩子通过故事、游戏等活跃思维并主动表达他们内心的想法，每天跟他们谈谈一天的所见所闻，了解孩子思想的变化，平时多注意发现并培养孩子的兴趣，让孩子的好奇心得到肯定，另外可以采用药物、针灸等方法辅助治疗。做父母的要善于表扬孩子，当他们做错事时也要耐心地解释让他明白什么是错的，怎样才能避免，以后应该怎样做，过分惩罚会导致孩子抵触而不与父母交流。

怀疑癖：樱桃到底是什么颜色的

有一次，鹏鹏家来了一个客人。妈妈端出了樱桃来招待她，这位客人拿起一颗樱桃，逗鹏鹏："鹏鹏告诉阿姨，这个樱桃是什么颜色？"鹏鹏犹豫了半天，还是没敢说出是什么颜色，只是一直看妈妈。妈妈催他快说，于是他怯怯地问："妈妈，是红色吗？妈妈，我不知道，你告诉我吧！"

这个孩子为什么如此不自信呢？即使自己清楚地知道樱桃是什么

颜色，仍然要向妈妈来寻求所谓的“正确答案”。在现实生活中，为什么总是有人喜欢依赖于他人，让别人来做决定呢？

其实是这些人害怕犯错误，一直在逃避可能出现的不良后果。在这种心理状态下，他们一步一步地，跟在别人后面，直至变成一个没有主见，完全依赖他人的人。其实这是一种心理病态，被称作“怀疑癖”。“怀疑癖”的最明显症状就是不能独立做决定，同时当事人也会陷入深深的痛苦之中。

在一家专治神经错乱的医院里，有这样一位“怀疑癖”的病人。他喜欢一遍又一遍地检查垃圾桶，这是为什么呢？原来他是担心有价值的东西被忘在了垃圾桶里。甚至在他决定要带走垃圾的时候，还会拎着垃圾爬上楼梯，挨家挨户地敲门，询问各家各户的垃圾桶里是否有值钱的东西，直到确信没有后才能离开。但是过一会儿，他又会返回来，再次确认垃圾桶里是否有值钱的东西。人们只能反反复复地告诉他，垃圾桶里没有任何值钱的东西，你可以放心了。他终于决定离开了，仿佛已经放心了。可是过了一会儿，他又回来了！他再次询问：“我真的可以放心了吗？”人们只有再次告诉他：“你确实可以放心了！”但是他无论如何都不肯相信，直到他妻子出现并把他强行拉走。

上面的例子是“怀疑癖”的典型案例。其实这种情况在日常生活中并不少见，只是程度有深有浅而已。比如，一个人准备出门，当他锁门之后，会下意识地将锁摇动几下，更有甚者会在走出十几步之后折回来，重新拽一下锁，检查自己是否真的把门锁上了！虽然他清楚记得自己已经锁上了门，但是他仍然不能相信自己。这种情况在小孩儿身上也很常见，许多孩子在睡觉前都会检查一下床底是否有猫、狗或者昆虫之类的东西，其实这也是怀疑癖的一种表现。

家长们总是喜欢用自己的地位来强行要求孩子要这样做，不能那样做。我们总是从自己的角度出发，告诉孩子什么是正确的，什么是错误的。其实正是在这样的殷切关怀和教育下，我们毁灭了孩子自己做决定，做判断的能力，把孩子变成了教育的牺牲品。所以家长们要警惕这种一方面期待孩子长大，另一方面却又在压制孩子长大的行为，时刻提醒自己孩子是一个独立的人，他们有自己的思想和想法。家长不要把自己的思想强行塞进孩子的脑子里，让他们丧失自己的思考和决定的能力。

强迫症：不断洗手的孩子

军军上小学三年级，学习成绩优秀，平时也很乖，不淘气，爸爸妈妈一直很放心。可是大概从一年前开始，妈妈发现，军军好像太爱干净了：每天要洗手几十次，说手上脏，沾了灰尘、细菌等；明明衣服刚穿上没多久，就非得让妈妈给洗，洗好晾干后还要再洗一次；他的东西别人碰到了就立刻扔掉；书也不看了，怕书上有脏东西；整天觉得周围很脏，精神紧张，连学校也害怕去。妈妈很担心，带军军去医院咨询，医生经详细诊断，认为军军患有强迫症。

强迫症是一种明知不必要，但又无法摆脱，反复呈现的观念、情绪或行为，是一种较常见而且较顽固的心理障碍。患者虽然意识到这些观念、意向、行为是不必要的或毫无意义的，但就是难以将其排除。

有数据统计发现，有半数成年强迫症患者起病于儿童时期。儿童强迫症多见于 10 ~ 12 岁的儿童，患儿智力大多良好，通常特别爱清洁，多数性格敏感、胆小害羞、谨慎，做事拘谨、要求完美。

但是，这也并不是说孩子出现重复行为就得了强迫症，正常的儿童在其发育阶段，也可能会出现一些类似强迫症的现象，比如，走路的时候踢小石子，不受控制地碰触周围一些东西等习惯性动作。然而，这些动作没有痛苦感，不伴随有任何情绪障碍，对儿童正常的生活和学习没有影响，而且会随着年龄的增长自然地消失，所以，这些都是正常的现象。

强迫症患儿除上述情况以外还有其他强迫性症状，主要为强迫行为和强迫观念。其症状表现也多种多样，比如，强迫性计数，反复数路灯、电线杆、吊灯、图书上人物的数目等；强迫性洁癖，反复洗手、反复擦桌子、过分怕脏等；强迫性疑虑，反复检查门窗是否关好，反复检查作业是否完成，反复检查东西是否摆放整齐等；强迫性观念，反复回忆某些事物，反复考虑一些无意义的问题等。

强迫症患儿的强迫行为多于强迫观念，而且年龄越小，这种倾向越明显。通常，患儿并不会对自己的强迫行为感到苦恼和伤心，只是刻板地重复强迫行为而已。如不让患儿重复这些动作，他们反而会感到烦躁、焦虑、不安，甚至发脾气。

引发儿童强迫症的原因有很多，一般认为与儿童的气质类型、父母的性格影响、教养方式、精神因素等有关。患儿性格大多敏感内向、胆小拘谨、不活泼、行为古板；父母性格过分谨慎、缺乏自信、优柔寡断、过于克制自己，有洁癖、强迫行为，也会对儿童造成一定影响；父母对孩子过分苛求、管教严厉、责骂过多，也可诱发本症的发生；孩子患严重疾病、受到突发事件刺激、精神长期处于过度紧张状态等，也可能成为该症的诱因。

对儿童强迫症的治疗应以心理治疗为主。家长要注意纠正自己的不良性格，如特别爱清洁，过分谨慎，优柔寡断等，控制自己的焦虑情绪，以乐观积极的态度给孩子树立榜样。平时要注意不宜过度压制孩子的行为，要给孩子一定的自由空间。帮助孩子树立自信心，鼓励孩子对自己要有正确的评价，创造条件让孩子多获得成功，同时也要让孩子了解到，凡事不可能尽善尽美，总会有一些困难出现。培养孩子多方面的兴趣爱好，转移孩子的注意力，鼓励孩子多参加集体活动，多交朋友。当孩子出现强迫现象时，指导孩子用意念努力对抗强迫现象，放松心情，告诉孩子这些行为没有意义。也可用行为对抗疗法帮助孩子矫正。如果孩子强迫症状比较严重，则需要在医生指导下，辅以药物治疗。

给孩子一个宣泄的出口

坏情绪，不疏导就可能会“决堤”

可能有许多人都觉得孩子的哭声很让人心烦，不理解为什么孩子会为一丁点儿小事就哭。“哭”这个字，很显然是不被家长所喜欢的，只要孩子一哭，家长就会利用家长的身份命令孩子不要哭了。

很多幼儿园老师经常说一句话——“爱哭的孩子不是好孩子”来遏制孩子哭泣，很多家长也会用各种方法逗正在哭泣的孩子，转移他的注意力，让他停止哭泣，或是干脆直接大声呵斥命令他停止哭泣。孩子接收到大人的这些信号，就会认为所有的大人都不喜欢爱哭的孩子，自己如果总是哭泣的话就不会再得到人们的喜爱和认同。慢慢地，孩子就开始拼命忍住哭泣，时间久了，一些更麻烦的问题也就随之而来了。

人会有许多种情绪，诸如高兴、愤怒、不满、伤心、兴奋等。在这多种多样的情绪里，有些是积极的，对身体有好处；有些则是消极的，对身体有害。一旦某种对身体有害的消极情绪产生且没有立即释放，日积月累，长期的压抑就会造成情绪的堵塞。情绪的堵塞带来的效应是一连串的，如产生无力感、疲倦感，严重者甚至会出现胸闷气短、心脏疾患等病症。

为了避免孩子出现以上后果，妈妈就必须帮助孩子及时疏导消极情绪。在孩子还无法自如地控制自己的情绪的时候，帮他找到一个宣泄口，让消极情绪从这个口一起倒出去，让孩子保持身心的愉快与健康。

一天夜里，王女士突然接到一个电话，电话里的声音来自于一个陌生的小女孩，还没等王女士开口问对方是谁，那个女孩就开始说话了，“我讨厌他们！”

王女士觉得一头雾水，就问道：“他们是谁？”

“同学，朋友，老师，父母。”

这个时候王女士已经确定对方是打错了，于是告诉女孩她不是她要找的人。

“同学不喜欢我，成绩出来后很差，老师也不喜欢我，朋友和我疏远，父母也不知道我要说的意思，我讨厌死他们了！”

王女士不再说话，也没放下电话，静静地听女孩说着她的话，到最后，女孩儿放下电话前说了一句：“阿姨谢谢你，我只是想找个人说话，现在我心里舒服多了，谢谢你。”

例子中的女孩郁闷却找不到人说出心里的感受，于是就随便将电话打给了王女士。女孩在将心中的不快倾吐而出以后，郁闷的情绪也就得到了释放。

对于善于控制自己情绪的人来说，疏导情绪的方法有很多种，如听音乐、打篮球、与朋友倾诉等。但是对于孩子，当他不能和朋友或者父母完全表达自己的意思的时候，或是不能以写字的方式排解烦恼的时候，除了哭，还有什么办法呢?

孩子生下来在这个世界上第一件学会的事情就是哭，渴了会哭、饿了会哭、着急会哭、被他人吵醒了会哭，长大一点儿，被人欺负受了委屈同样还是会哭，哭完以后歇一歇，然后就忘掉这件事情继续开心地玩儿去了。但是，如果家长硬要孩子别哭，要孩子压抑着，那么他的坏情绪就没有出口，再加上年纪小小的孩子也不懂得用其他方法排解，日子一长，他的情绪就会堵塞，然后就会在某一天、某一件事情的刺激下突然“决堤”，无法收场。

妈妈可以引导孩子多听音乐，在孩子学会写字以后让孩子把事情记下来，情感得到寄托，或者多带孩子出去游玩，让孩子身心得到放松，同时将所有不良的情绪统统释放出来。当然，一些孩子发脾气也并非宣泄不良情绪，而是一种要挟。当他提出的要求不能得到满足时，他便会发脾气，比如摔东西、在地上打滚儿等。这个时候，如果妈妈因为害怕伤害到孩子而一味地迁就，就会助长他的气焰，让他学会以这种方式要挟家长，这对孩子的成长就极为不利了。所以，一旦孩子出现了这种要挟式的行为，妈妈就要记得采取“冷处理”，任由他发脾气大吵大闹。等到他冷静下来之后，就要及时纠正他的错误，告诉他发泄情绪可以，但要用正确的方式。

孩子和成年人一样，都需要给坏情绪一个出口，从而保持健康的心境。未成年的孩子并不太懂得如何处理自己的情绪，他们继续在成人的帮助下逐渐建立自己的一套正确的发泄情绪的方法，而妈妈则是孩子最好的帮助者。充分理解孩子，给孩子的坏情绪找一个出口，让它得以释放，与此同时多告诉孩子一些处理情绪的方法，就是对孩子最好的支持与帮助。

给孩子一个专属的宣泄空间

曾有心理学家做过一项实验，得出过这样一个结论：当两个个体之间挨得太近，那么个体之间就会产生拥挤等不舒适的感觉，因为这两个个体之间打破了原来所占领域的平衡，进而影响正常的活动。这被心理学家称为"个人空间定律"。

后来，有人为验证这一定律又进行了另外一项实验：在一个房间里安排了超过这个房间所能容纳的人数，于是里面的人会感到十分拥挤。这时，如果有个陌生人进来，就会被房间里的人仇视，男性甚至会对这个新来者表现出攻击倾向，房间里的人的焦虑指数也会越来越高。

"个人空间定律"可以归纳为一句我们常说的话——距离产生美。想象一下，如果一群刺猬为了取暖而抱在一起，会感到暖和吗?

> 某知名女演员曾经在节目里说："我很希望自己的房间成为能哭的地方，仅仅是在心情不好时，或者于己不利时有一个避难的场所。"

心理学研究表明，只有当一个人的个人空间不被侵犯，个人的隐私得到尊重，心境才能平和，才能对周围的人和事感到安全。而当一个人的独立区域被外来力量强势侵入，则会表现出不安、焦虑、对事物戒备甚至驱逐的状态。

总有些父母打着“为孩子好”的幌子对孩子的个人空间多加干涉，会对自己不赞同的行为一顿呵斥，殊不知，这会让孩子的心情雪上加霜。或许孩子只是需要一个放松的空间，但是因为父母的干涉就会变得闷闷不乐，心情沉郁。与此同时，他们还可能会因为对父母的“不爽”情绪而拒绝与之沟通，将父母拒绝在心灵的门户之外，这对孩子的心灵发展实在是没什么好处。

小春一直是个听话的孩子，家里长辈邻居都夸她是个好孩子，可是有一次，这样一个好孩子却和妈妈发生了争执。原来，小春妈妈给小春整理房间的时候，没有经过她的同意就把她很喜欢的一个玩具娃娃给扔了。小春很生气：“你为什么要进我的房间，不经过我同意就把娃娃给扔了?”小春妈妈见到女儿这个态度也是气恼不已：“我辛辛苦苦给你整理房间，还被你这样说。”一气之下也不管小春了，母女之间因为这件事斗了好长时间的气。

父母和孩子是这个世界上最亲密的人，可是即使如此，父母和孩子之间也是需要“距离”的。很多父母会以担心孩子为由对孩子的私人区域抱有不尊重、不重视的态度，随意翻看孩子的日记本，或者不经孩子的同意扔掉孩子的东西，孩子就会感到不被尊重而产生消极情绪。家长会常常告诉孩子不要随便翻看自己的东西，因为那很重要，但为什么不换位思考一下，有些东西对于孩子来说，也是只能自己一个人知道的宝贝呢?

要知道，孩子作为一个独立的个体，也是需要自己的空间的。这个空间不仅仅代表独立的个人房间，更是能让自己安心学习、玩耍的空间，不被强加的意志，可以自己独立的选择。孩子在这个只属于自己的地方，想画画、学习、写字，都能出于自愿。他们可能会想把今天刚刚学过的歌曲再在脑海里演习一遍，或是想把作业留在跳一支舞蹈之后再做，做什么以及何时做都在于自己的选择。能够发出主动性的行为，比被家长强迫做一件事，效率自然要高得多，孩子得到的益处也多得多。

阳阳每天完成作业后，剩下的时间就是自己的了，这个时候妈妈会让他自己选择做一些事情。他有时待在房间里玩儿飞机模型，有时到附近公园里和小朋友们一起玩儿老鹰捉小鸡，有的时候还会发一会儿呆。

妈妈不会干涉他，只是告诉他出去玩儿的话要早点回家，偶尔会引导他。

所以，阳阳从小就很能为自己做决定，阳阳妈妈也很欣慰。

给孩子一个充分独立自由的空间，让它成为孩子的宣泄空间。孩子可以在这个空间里大叫、乱跑，即使是父母也不会多加指责，这会让孩子感到安全，一旦情绪得到宣泄，孩子便能自然而然地回归到正常轨道上来。

当然，宣泄空间对于孩子的很多问题是有效的，但是一旦遇到在这个宣泄空间里也不能解决的问题时，妈妈就要和孩子及时沟通，告诉你的孩子怎样正确控制自己的情绪，在以后遇到同类事情的时候，怎样有效地解决它。

积极暗示，让孩子摆脱消极心理暗示

心理学家巴甫洛夫认为，暗示是人类最简单、最典型的条件反射。所谓心理暗示，是指人接受到他人的愿望、观念、情绪、态度等影响的心理特点。

心理暗示会对人产生强大的力量。在心理学上有一个著名的实验，实验者在实验对象的手臂上纷纷放了一块试纸，并告诉他们这是一张有特殊功效的试纸，能让试纸所接触地方的皮肤变红变热。十分钟后，实验者把他们手臂上的试纸解了下来，一看，果然发红并且也变热了。其实，这只是一张普通的纸，是实验对象的心理暗示让皮肤发生了变化。

同样，心理暗示对于培养孩子的性格、学习和生活习惯以及意志品质方面也有很重要的作用。这些作用有积极的，也有消极的。积极的心理暗示往往比说理教育还好，能使父母与孩子之间的关系更加融洽，具有含蓄、委婉的特点，有利于孩子在无形中养成良好的性格和心态，帮助孩子往好的方向发展，在积极暗示下成长起来的孩子心智发展也更全面，品格也更优秀。消极的暗示则是孩子心灵的腐蚀剂，让孩子情绪低落，产生自卑和自弃的心理，让孩子脆弱而娇气，很容易被困难打倒且一蹶不振。

有一天幼儿园放学，蓉蓉和乐乐一起下课牵手出了校门，站在校门对面的蓉蓉的妈妈和乐乐的外婆，一起等着他们。

两个孩子手拉着手，蹦蹦跳跳地朝着妈妈和外婆的方向跑过去，可是一不留神，“砰”的一声，蓉蓉摔倒在了地上，乐乐被她顺势拉了下去，也摔在了蓉蓉的身边。

两个孩子开始还没哭，完全没怎么反应，只愣愣地看着妈妈和外婆焦急地向这边跑来。

蓉蓉妈妈一把将蓉蓉抱在怀里，问："宝贝摔疼了吧？痛不痛？"蓉蓉听到妈妈的安慰，眼泪哗地掉了下来，特别委屈地哭了起来。

这个时候，乐乐外婆也把乐乐拉了起来，拍了拍乐乐说："没有什么，宝宝一用力就可以起来了，外婆带你去看看那边是不是有好玩儿的。"于是乐乐立刻乐颠颠地起来，安慰了一会儿蓉蓉，跟着外婆走了。

其实刚开始蓉蓉和乐乐都没哭，蓉蓉妈妈的话暗示蓉蓉摔倒了是很疼的，于是蓉蓉就开始哭。但是乐乐外婆暗示乐乐摔倒也没有什么，所以他很快忘记了摔倒的疼痛。同样是摔跤，不同的心理暗示带来的效果是截然不同的。

每天，孩子都能接收到不同的暗示，这些暗示可以从身体、眼神、神态等各个角度传达给孩子。有调查表明，几乎90%在品质、意识和智力方面有杰出表现的人，在自己的童年或少年时期都受到过来自亲人的积极的暗示，最多来自母亲，有的来自父亲、老师、祖父母等。而在这所有的暗示中，来自妈妈的暗示是孩子健康成长的关键，因此妈妈平时就要特别注意给孩子积极的暗示，让孩子保持乐观积极的心态，从而有助于他身心的健康发展。

给予孩子积极的暗示，最重要的就是要注意平时与孩子交流中说话的方式，同一个意思用不同的句子说出来，效果可能就会截然不同。例如，当你想让孩子变得更独立，就要告诉他独立的种种好处，而不能说“如果你不独立，妈妈就不要你了”这一类话来刺激孩子。如果你想让孩子不怕黑，那么可以给孩子讲关于黑夜的美丽故事，黑夜里，星星们在悄悄地说话，花儿们也在静静地绽放，让孩子心生向往，从而不再怕黑，而不是给孩子讲关于黑夜的可怕，那样只会令孩子更加消极抵触。

积极的暗示在潜移默化中影响着孩子稚嫩的心灵。一个称职的好妈妈有责任和义务将积极心态、积极情绪传递给孩子，指引着孩子朝着健康、积极向上的成长之路前进。

运动，摆脱坏情绪的好办法

法国思想家伏尔泰有一句话：“生命在于运动”，这句话流传至广。这句千千万万人传诵的话不是没有道理的，运动对于人的情绪的确具有极大的益处。

国外有一位心理学家曾经用体育疗法对13位抑郁症患者进行治疗，并取得了比预期更好的疗效。在进行治疗的5个月里，他为他们规定了需要每天运动的运动量和各自的运动方式，让这13个患者坚持做。5个月之后，这些病人的病情都有了不同程度地好转，开始愿意与人交流，许多人都感到自己的情绪已经大为改观，并且已经投入到新的工作中去，又能正常地学习以及应对自己的人际交往。

由此可见，体育运动对于人的情绪的改善作用是显著的。

情绪可以决定孩子的整体状态和发展走向。好情绪能帮助孩子拥有更好的精神面貌，充满活力；坏情绪则会让孩子陷入泥潭，止步不前。儿童心理学家发现，多参加体育活动不仅可以锻炼身体，增强体质，更能改善孩子情绪，摆脱困扰。适度的运动可以帮助孩子调整到一个好的精神状态，摆脱坏情绪的困扰。

莲莲从上幼儿园开始就十分内向，不爱和小伙伴一起玩儿，总是躲在自己的角落，有的时候老师让莲莲起来回答问题也会因为莲莲的紧张，最终不得不让她再坐回去。

对此，莲莲的妈妈十分担心，她担心莲莲这么小就患上了自闭症，于是带着莲莲去医院检查。检查后医生说孩子没什么大问题，于是建议莲莲去学游泳和体操，一段时间后，果然见了成效。莲莲开始主动和小伙伴们一起玩儿，人也开朗了很多。

可见，莲莲因为运动缓解了以前在人群里的紧张情绪，降低了恐惧感。同样，如果你的孩子找不到一个好办法来排解坏情绪，那么就让他去运动吧！

不过，运动的种类繁多，情绪的种类也为数不少，不同的运动所改善的情绪当然不同。以下就是一些可以有效地改善情绪的运动，妈妈可以多看一下，针对自己孩子的具体情况加以实施：

如果孩子因为环境长期稳定不下来，在一个地方待不了多久就马上要换到另一个地方，就容易产生焦虑情绪。心理学家研究发现，克服焦虑情绪的最佳运动是荡秋千，据资料显示，每天荡秋千 20 分钟，孩子大脑分泌的快乐因子呔多芬就会增加 80%，孩子的焦虑也就大幅度降低了，从心里感受到快乐。如果你的孩子不是很喜欢这一运动，那么还有钓鱼、双手接球一类的运动可以选择。

如果孩子经常感到沮丧，没有信心去做本来应该会做的事，踟蹰不前，总是小心翼翼担心结果又会失望，这个时候就可以让他多进行跳绳、跑步等简单而又能在短期内取得成效的运动。如果孩子会游泳的话，那么还可以让孩子在水中游20分钟，那么一切消极情绪就可以得到有效缓解了。

如果孩子容易骄傲，争强好胜心很重，妈妈可以安排一些比较复杂的运动，比如千米长跑、乒乓球、跳水等。但是，需要注意的是适度即可，不可为了防止孩子骄傲就打击孩子，过于骄傲和过于自卑，这两个极端相信哪个方面都不是父母愿意看到的。

如果孩子容易暴躁，没有耐心的话，那么就可以多让孩子进行下棋、太极拳等需要耐心才能完成好的运动，让孩子的情绪逐渐慢下来，不骄不躁地去完成一件事。

但是需要注意的是，运动要以孩子的健康和生命安全为前提。在孩子的情绪比较强烈时，他是不适宜进行运动的，因为人的情绪会直接影响人体机能的正常发挥，进而影响心脏、心血管及其他器官，太过强烈的情绪可能会对孩子的身体健康产生极为不利的影响，甚至会给生命带来威胁。此外，进餐后也是不适宜马上运动的，因为此时会有较多的血液流向胃肠道，以帮助食物消化吸收。如果餐后立即运动，就会妨碍食物的消化，时间一长会招致疾病。

第四章 <<<<<

“妙语生花出奇效”，妈妈会说孩子才会听

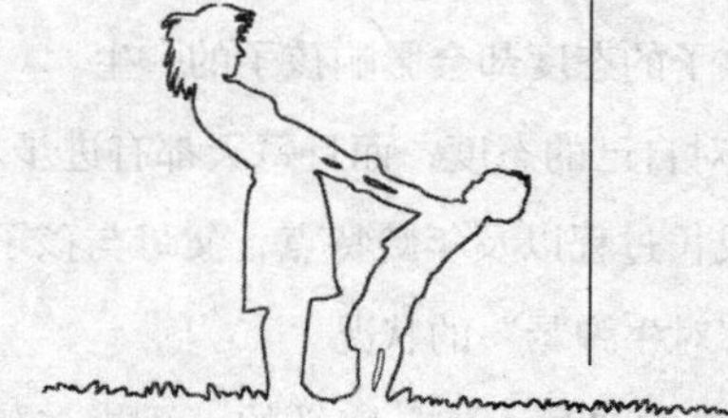

对号入座，不同年龄的沟通小妙招

0 ~ 4 岁孩子的对话方法

0 ~ 4 岁的孩子大脑还没有发育完全，不能有意识地去完成一件事情，所以这个阶段的孩子通常会我行我素，父母很难与他们进行正常的对话。但是这个时期父母对孩子的态度却会影响孩子的一生。

0 ~ 4 岁的孩子喜欢模仿父母对自己的态度，而且每天都有进步。如果父母不能很好地了解孩子的成长过程以及年龄特点，父母与孩子之间的对话和交流极有可能出现“对牛弹琴”的状况。

孩子刚出生的时候，我们所说的“对话”是广义的，泛指与孩子沟通的过程。初生的婴儿只会用哭声来表达自己的想法。他们在妈妈肚子里的时候，没有风吹日晒，没有严寒酷暑，生活得相当惬意。相对于那个小小的世界，现在自己所在的这个地方简直是太“恐怖”了！孩子会面临饥饿和寒冷，还有湿漉漉的尿布带来的不适。面对这些困难，他们会用哭泣来表示自己的恐惧，所以这时候父母与孩子之间最好的对话方法就是及时把孩子抱起来，让他们感受到爱和安全。

对这个年龄段的孩子来说，父母的关爱就是最好的对话。

1 岁左右的孩子终于能够开始说话，这是他们表达自己意见的开始。当“爸爸”“妈妈”等词汇从孩子的嘴里说出来的时候，父母就开始了和孩子之间的语言对话。这时候，当孩子看到喜欢的东西时，会说出“喔……”等单音节的词，还学会了用手指着那些东西。

值得注意的是，当孩子第一次说出“不”的时候，这表示孩子的自我观念已经开始形成。当孩子 2 岁的时候，他们进入了第一个“反抗期”。此时他们对世界的探索欲望和自我尝试精神将达到最大。虽然以他们的年龄来说还做不好任何事情，但是他们却坚持一切自己动手，此时父母与孩子之间最好的对话方法就是在保证孩子安全的情况下，尽可能满足孩子探索世界的欲望。当孩子的意见被别人接受的时候，他们就会产生“我能行”“我可以”的自豪感和自信心，在孩子以后的人生中，这些自信心将成为孩子宝贵的财富。不过对于孩子一些危害人身安全或者会对别人造成伤害的行为，父母也要明确地制止。认可孩子探索行为的同时又明确地制止孩子不能做不该做的事情，这才是教育孩子最明智的方法。

随着对世界了解的日益增多，孩子的语言能力也得到了快速的提高，孩子逐渐学会了更加准确地表达自己的想法。随着词汇量的增加，他们也能够表达出更丰富的感情。当孩子开始学会说“我高兴”“我伤心”的时候，父母与孩子对话时就要把关注孩子的情绪放在第一位。当孩子表达自己的情感，尤其是悲伤难过的情感的时候，父母首先要问的不是“为什么”，而是应该对孩子的感情表现出认同。实际上，每一个人都希望别人能够理解自己的感情，人们都喜欢跟首先认同自己感情的人接近。想想自己的经历，如果你板着脸对朋友说自己不开心，一个朋友说："为什么不开心？"而另一个则同情地说："能看得出来你很不开心，其实有的时候我也会这样。"和再次讲述一遍让自己郁闷的经历相比，后一个朋友显然能给我们带来更大的安慰，这时候我们反而愿意和这样的人交流。所以父母要认真倾听孩子的心里话，试着站在他的角度去理解他，这时候孩子就会更加喜欢和父母交流。

另外，在孩子 0 ~ 4 岁的时候，不要轻易去训斥他，因为此时他并不能理解很多大道理，如果想给这时候的孩子传达一些价值观，最好的选择就是以身作则。

5 岁至小学二年级孩子的对话方法

5 岁到小学二年级的孩子已经度过了婴儿时期，开始进入儿童阶段，此时他们已经可以离开父母的怀抱独自完成很多事情。以前的生活中，父母就是他们的全世界，但是现在他们即将进入更加广阔的世界中，开始了逐步接触社会基本规则和规范。不过这并不代表父母的教育已经不重要了，这时候的他们认为父母的话就是"规则"，所以他们会努力接受这些规则，并且期望得到父母的认可。所以，我们可以看到，此时父母与孩子对话的重点开始转移，那就是从对孩子无微不至的支持变成满足孩子需要被认可的愿望。

为了得到父母的认可，他们可能会表现出各种各样的行为，有些可能会故意夸大自己的成就，有些可能会强烈地要求父母保证他的存在感。

阿淼是个6岁的孩子，无论在家里还是幼儿园，他总是表现很好。但是妈妈却有点烦，这是为什么呢？原来阿淼每做完一件事情就会马上跑到妈妈面前“邀功”。比如刚刚去帮着妈妈擦了一下茶几，擦完之后就会跑到妈妈面前说：“妈妈，妈妈，我擦完茶几了！你看干净吗？刚才还很脏，我厉害吗？”开始的时候，妈妈还很开心地表扬他一下，但是随着他“邀功”次数的增多，妈妈越来越烦，有的时候很想跟他说：“这没什么了不起的！”但是又怕伤害了孩子，总是话到嘴边又咽了回去。

其实这个年龄段的孩子总是在想尽一切办法显示自己的能力。他们期望得到幼儿园或者学校的全部奖状，他们希望父母时时刻刻都看到自己的成就，这种行为实际上不是成年人眼中的“邀功”，而是在孩子的发育过程中出现的正常现象。他们需要这些东西来肯定他们对规则的尊重，如果案例中的妈妈真的把那句话说出口就严重地打击了孩子的自信心，也会影响孩子自信心的建立。

一个7岁的孩子正在公园里向妈妈发脾气：“你为什么把我的皮球给那个小朋友玩儿？”孩子的妈妈看到孩子这样小气，有点儿生气，不过她还是面带微笑地说：“对不起，妈妈应该先问你的！谢谢你把皮球让给其他小朋友玩儿！我儿子太棒了！”听到这些，孩子很自豪地笑了。

其实孩子的妈妈完全可以说：“你不玩儿就借给其他小朋友玩玩儿怎么啦？”但是妈妈忍住了，而是用一句“对不起，谢谢”来肯定孩子的贡献，这让孩子感觉到自己的价值。

另外，这一时期还是开发智力的好时候，家长要抓住机会多与孩子进行开发智力的对话。当孩子提出问题的时候就是展开对话的最佳时机。此时，家长应该把自己所知道的一切知识详细地输送给孩子，也许孩子不能完全理解父母的话，但是看到父母这样认真的态度，他们会很开心。这种对话方法既能改善与孩子的关系，也能向孩子传授知识和学习方法。

这个年龄段还可能出现让人非常担心的问题，那就是撒谎。但是这个时期的孩子说谎时都有自己的理由。当遇到自己解决不了的问题时，他们就会说谎，而且根本不知道说谎的后果。所以此时父母不必非要揭穿孩子的谎言，有时候可以适当默认。这个时候父母要关注的是孩子说谎的原因而不是这个行为，不过很多家长通常会过于急切地纠正孩子的行为，这反而会给孩子带来压力，最终养成说谎的习惯。

小学三年级至青春期孩子的对话方法

孩子到了小学三年级之后，几乎都会变得更加懂事。此时孩子的成长速度非常惊人，不仅是身体，而且思维也开始变得复杂。父母的话不再完全是他们的规则，而他们也开始怀疑父母身上的行为和某些想法是不是正确。

小婕是一个非常漂亮的小女孩，以前每次妈妈对她说“哎呀，我的女儿好漂亮！简直是世界上最可爱的小公主！”的时候，她总是非常兴奋，会冲过去抱着妈妈亲了又亲。但是现在，她听到这句话的时候再也没有以前那种兴奋劲儿了，而且每次妈妈说完，小婕都会在心里暗想："妈妈胡说！我们班的慧慧就比我漂亮！"

此时孩子已经懂得客观地看待自己，也能够理性地比较自己和别人，还会在心里形成自己的标准，进而就会怀疑父母的价值标准。

等孩子进入了青春期，他们还会更进一步地认为："爸爸妈妈都是骗子！说得都不对！"这也是青春期的孩子总是喜欢和父母对着干的原因。有些时候，他们知道父母的话是对的，但是常常没有特殊理由就会反驳父母："我又怎么啦？""我就不这样！""妈妈，难道你没这样过？"这时候，父母通常会很伤心，认为孩子不尊重自己。其实，这些孩子只是想通过顶撞你向你宣告自己不是小孩子了，并没有把这件事情上升到尊重别人的高度。

青春期的孩子自我意识发展到顶峰，他们总是认为父母的建议是在干预自己的生活，所以不断地反抗父母。心理学家曾经提出，青春期的孩子这样无原则地反抗父母是因为自己处于即将脱离父母的状态，他们害怕如果自己采纳了父母的建议就会回到小时候那样被父母管束的日子，这是他们最为恐惧的。

但是青春期又是父母能够改变孩子的最后机会，所以这个时期的对话要讲究一些策略。有时候孩子会提出非常荒唐的要求，父母此时不要感情用事，要尽量答应他们，这样才能在心理上拉近与孩子的距离。只有心理距离越来越近，孩子才会逐渐地接受你的建议。

有些父母可能会因为受不了孩子的变化而采用暴力或者威胁的手段，比如打孩子一顿或者对孩子说："再这样就不给你零用钱了！"其实对这一时期的孩子来说，武力和威胁不能起到任何作用，反而会引起不必要的反抗，最后会出现更严重的问题。

此外，此时父母要注意改变自己说话的语气，要从原来“指示或者命令”的态度逐渐转变为“像朋友一样提建议”的态度。这对有些父母来说可能很难，但是如果你想继续发挥自己的影响力，抓住最后改变孩子的机会，就要努力做出这些改变，否则不仅会使当前的关系恶化，还可能影响未来的亲子关系。

如果孩子说出的话实在没有道理，也不要强行让他接受自己的观点，其实他也是不会接受的。这时候，你没有必要为这些无意义的事情与孩子争论甚至吵架，你可以静静地说一句：“如果你决定了，那么所有的后果自己承担！”当你放手的时候，孩子反而会开始烦恼，并且会思考更合理的做法。但是这不是说父母就彻底撒手不管了，你要时刻关注孩子的进展，在他们身边给予关心和引导，这才是一个青春期孩子的父母应该有的教育智慧。

妈妈要会听，孩子才肯说

80/20：对话黄金法则

在夫妻相处的时候，我们经常会发现，当女性需要倾诉的时候，她选择的对象往往不是与自己朝夕相处的丈夫，而是自己的“闺密”。产生这个问题的原因是男女之间对话的目的不同。男性通常是为了解决问题而对话，在没有找到合适的解决办法之前，他们不会轻易开口；但是女性不同，她们是为了表达自己当前的感受才说话的，希望得到的是谈话对象在感情上的认同。

比如，妻子对丈夫说：“我今天心情不太好……”丈夫第一个反应一定是：“怎么了？需要我帮你做点什么吗？”其实这时候妻子只是需要丈夫安慰自己一下，但是丈夫的反应显然不是自己需要的，所以妻子就会重复这些话，丈夫最终会忍无可忍：“你到底要我怎么办？”于是矛盾就产生了，因为丈夫的脑子里想的始终是“我必须提出一个解决方案”。

这种现象也会发生在孩子与父母之间的对话中。有时候孩子只是想表达一下自己的情绪，但是父母却误以为孩子在向自己咨询“解决问题的方法”。

上三年级的小敏就说过这样一件事：

有一个周末，我正坐在家里看电视，忽然之间感到很无聊，于是就伸了个懒腰说：“啊！好无聊啊！”没想到这时候本来在做饭的妈妈冲了出来，对我说：“无聊就出去玩玩儿！要不就去看看书吧！作业做完了没有啊，没做完作业的话哪有时间无聊？”我当时听了特别生气，我的感觉糟糕透了！我只不过说了一句话，只是想关了电视去找点别的事情做，没想到就被妈妈劈头盖脸地批评了一番！我以后再也不跟妈妈说这些了！

其实这时候的小敏就像是夫妻关系中的妻子一样，她只是想表达自己的感受，并期望得到妈妈的认同，她并不需要妈妈的主意或批评。

父母与孩子沟通时的对话可以分为两类，一类是“试图理解孩子情绪的对话”；另一类是“传递价值观的对话”。所谓“试图理解孩子情绪”的对话，就是从孩子的角度出发，用孩子的眼光看世界。当小敏说“无聊”的时候，如果妈妈这样说“你是因为没有人陪你玩儿才无聊的吗”或者“是不是电视节目太无聊了”，这样就不会引起孩子的反感。因为孩子通过这些对话清楚地感受到了父母为了理解自己所做出的努力。这样说完之后，不管父母再提出什么样的建议，孩子都会努力去接受或者尝试，因为他知道这个建议是爸爸妈妈站在自己的角度提出来的。

而“传递价值观的对话”是从父母的角度出发，把想法单方面传递给孩子的对话，它是为了达到教育孩子的目的而发起的对话。指出孩子的错误行为，并且向正确方向引导孩子的对话都是典型的“传递价值观的对话”，比如“你一定要认真听讲”“回家之后必须先完成作业”等。

看到这里，有些家长可能会想，既然孩子不喜欢“传递价值观的对话”，那我们就只进行“试图理解孩子情绪的对话”好了。这种想法是不正确的，因为亲子之间的相处毕竟不是夫妻间的相处，孩子的世界观和价值观尚未完全形成，如果这时候只是单纯地进行“试图理解孩子情绪”的对话，孩子很容易误入歧途。

“试图理解孩子情绪的对话”和“传递价值观的对话”不能独立存在。父母在与孩子对话的时候，一方面要关注孩子的心情，另一方面也要把正确的价值观传递给孩子。现实生活中更多的父母倾向于只传递价值观，他们认为，这些才是真正为了孩子的将来好，其他的都是次要的。如果父母只关注“传递价值观的对话”，孩子就会不自觉地对父母的话产生抵触情绪，因为在传递价值观的对话中，父母难免会批评和指责孩子，孩子的自信心就会受到打击，时间长了，他就会逐渐远离不承认自己能力的父母。所以，“试图理解孩子情绪的对话”和“传递价值观的对话”必须取得平衡，那么这两种对话如何才能平衡呢？

这就需要父母掌握和孩子对话的技巧，那就是著名的80/20法则。80/20法则原本是经济学中的一个公式，意思是说如果抓住了事情的关键，那么只要付出20%的努力，就可以取得80%的成效。因此在与孩子的十句对话中，至少有八句应该是关心、理解和赞同孩子情绪的对话，而剩下的两句可以是传递父母价值观的对话，这样孩子就能自然地接受父母的教育而不会产生逆反心理。

孩子有说话的权利，妈妈才有“听话”的机会

露露是小学四年级的学生，最近，张老师发现原本活泼开朗的露露变了。

露露以前爱说爱笑，上课积极发言，现在却变得沉默寡言，总是一个人发呆，学习成绩也下降了。经过老师细心的了解，她终于知道了露露不爱说话的原因。

露露以前很活泼，爱说话，每天放学后，都会把学校里发生的趣事说给妈妈听，可露露的妈妈是个对孩子要求非常严格的人，她几乎把全部希望都寄托在露露身上，希望露露将来能考上一所好大学，出人头地。也正是这个原因让妈妈对露露的学习抓得特别紧。妈妈觉得露露说的这些话都没用，简直就是在浪费时间，所以每当露露正说得高兴的时候，妈妈总是不耐烦地打断她：“整天只会说些废话，这些话有用吗？一点用也没有！你把这心思放在学习上多好，快去做作业！”最近一次露露说班里发生的一件事，正说得兴高采烈时，妈妈忽然凶巴巴地说：“说了你多少次了，让你别说这些废话，你还说，如果你以后再记不住，看我不打你！”吓得露露一个字也不敢多说，灰溜溜地逃回了自己的房间。

慢慢地，露露在家里话越来越少了，每天放学都闷在自己的房间里，因为妈妈也不让她出去玩儿，渐渐地，露露的性格也就变了。

从露露的情况来看，亲子之间的沟通是影响亲子关系和塑造孩子性格的重要方面。许多父母都忽视了与孩子的交流，不重视倾听孩子的想法。也许短时间内，父母还会沾沾自喜，认为孩子变得乖巧听话

了，但是时间久了，对孩子产生的不良影响就会表现出来。

父母不让孩子把话说完，一方面不利于孩子语言表达能力的提升，另一方面也使孩子产生自卑情绪。让孩子对着爸爸妈妈诉说内心的感受，是提高语言表达能力、增强社会交往能力的极佳机会。

每个孩子都渴望有人能听自己说话，在大多数的情况下，如果孩子与父母不能沟通，那就是因为每个人都在说话而没有人听。如果家长们能多尊重一下孩子的说话权，对孩子的倾诉多一点儿耐心，不急于打断孩子的话，那么孩子遇到事情时就会乐于向父母倾诉，同时与父母建立良好的沟通关系。

如果你发现自己与孩子不能进行良好的沟通，那么请你看一下自己是否有以下行为？

不注意孩子倾诉的需求，当孩子有话与你说时，总是以“忙”为由，不去倾听。

孩子兴致勃勃地诉说时，你经常不耐烦地将其打断。

现实中，大多数妈妈在生活上都对孩子十分关爱，可是在真正平等地对待孩子、尊重孩子等方面做得却很不够。

当孩子学习和生活上遇到什么问题向妈妈诉说时，稍微不顺妈妈的意，孩子的话就可能被强行打断，有的时候还可能会换来一顿责备，甚至打骂。面对拥有强权作风的妈妈，孩子们只能把话咽回去。据一项调查表明，70%以上妈妈承认没有耐心听孩子说话。

孩子的说话权得不到妈妈的尊重，久而久之，孩子就会与妈妈产生对抗情绪，以至双方相互不信任，沟通困难。一旦孩子的想法得不到妈妈的重视，他就会把自己的秘密埋在心里，做妈妈的也就很难再有机会知道孩子的所思所想，这样教育孩子的时候也会感到无所适从。

为了避免这种情况的发生，当孩子说话时，妈妈无论多忙，一定要温柔地注视着孩子，不要随意插嘴，尽量表现出你听得很有兴趣的样子，让孩子能够完整地发表他的观点，如果你在某一重要原则上表示不同意他的看法，应该明确地告诉孩子你不同意他的什么观点，并说出理由。此外，在提出反对意见时要注意态度，不要过于武断，也不应该否定一切。即使孩子在胡说八道，也要控制自己的脾气，不能妄下定论，直到确定完全理解清楚后再说出自己的看法。

妈妈应该尽可能多地与孩子交流，而且应该试着用不同的方法使孩子愿意跟妈妈交流。妈妈在倾听孩子说话时，应该更加富有同情心和耐心，应该努力地尊重孩子，从孩子的角度去分析问题和解决问题，这样才能营造出更加友好的语言氛围。

同时，妈妈应该学会正确“听话”，在听的过程中不责备、不打岔、不否定，以便孩子可以畅所欲言，也便于妈妈看清孩子的内心世界，并在此基础上创造出更多与孩子交流的机会。

每个孩子都有自己的想法，需要有个会“听话”的妈妈来倾听。妈妈只有尊重孩子说话的权利，积极做个会“听话”的妈妈，才有机会了解孩子的想法和感受，亲子之间才能良好沟通，并建立和谐的亲子关系。

再忙也要留下和孩子对话的时间

一个初中一年级的男生曾经对老师说：“我很害怕放假。”老师很奇怪，就问他究竟是怎么回事。他说："放假在家里，爸爸妈妈都上班了，只有我一个人在家，我特别害怕，也很孤独，根本没有人跟我说说话。爸爸妈妈一点儿也不了解我，他们只会问：'作业写完了吗？''这一天你都干什么了？'他们从来不问我在想什么，也不和我聊天。我想说的话只能晚上说给星星和月亮听。我不喜欢放假，我喜欢上学，因为学校里有同学，和同学在一起我感到很开心。"

一项"家庭教育大调查"显示，60%的妈妈每天与孩子相处的时间有4个小时左右；亲子共处时，最常从事的活动是：35%的妈妈看电视，25%的妈妈在辅导孩子学习，剩下的则是其他，如游戏等。而妈妈每天和孩子说话的时间，则基本上在半小时以内，而且说话的内容多是"教育性"的。

许多妈妈觉得给孩子吃好的、穿好的，关心他的学习，孩子就会感到很幸福。其实科学研究证明，最有威信的妈妈反而是那些每天能安排一些时间和孩子说话的妈妈。要让孩子感到幸福，绝不仅仅是提供物质上的满足，更重要的是与孩子在精神上有很好的沟通。而每天抽出一定的时间陪陪孩子，就是与孩子进行精神交流的最好渠道。

但是在现在的社会中，上班族妈妈越来越多，他们常常是在跟时间赛跑。有时回到家里，孩子已经睡了。然而，聪明的妈妈总是能够挤出时间陪孩子聊聊天，分享他的心情。

下面这个职场妈妈就想出了一个聪明的办法：

我把抽出时间与儿子交流作为每天的工作内容之一。我下班晚，于是就要求自己每天中午必须抽出半小时与儿子"煲电话粥"。开始的时候，我主动打电话给儿子，问他学习有什么困难？老师对他有什么要求？需要妈妈给什么帮助？开始，儿子不太喜欢说这些，但是经不住我的启发和引导，慢慢地他就把学校的困难，与同学的交往，甚至有哪个同学欺负他等，都讲给我听。听完他的问题，我会帮他分析原因，引导他正确处理，使他感到每次与妈妈“煲电话粥”都很愉快。渐渐地，每天中午，我不打电话给他，他就会打电话给我，向我汇报学习上的困难，讲述生活中的趣事。他还调皮地称中午时间是“妈妈时间”。

其实，即使真正陪伴孩子的时间很短，但是只要注重质量，仍然能让孩子感受到你对他的爱，建立良好的亲子关系。当孩子感到妈妈的爱与关怀的时候，他的情绪就会变得稳定，自信心就会持续增长。

注重与孩子的情感交流，是妈妈与孩子成为知心朋友的前提。与孩子交流的时间最好选在吃饭时和睡觉前，因为这是孩子情绪最为平稳的时候。职场妈妈在工作时，可以暂时把孩子交给保姆、老人或者学校，但是谁也取代不了妈妈在孩子心目中的地位，你一定要挤出时间陪孩子，因为孩子需要和妈妈“单独在一起说话”的时间，他需要从与你的对话中感知你对他的爱，从而获得安全感和幸福感。同时，他也需要你来与他一起分享喜悦，分担痛苦。如果缺少妈妈的陪伴与沟通，孩子就容易“情感饥饿”。“情感饥饿”的孩子可能会特别任性，偶尔还会做出一些古怪的行为，以引起妈妈对他的注意，同时也可能极端自闭，郁郁寡欢。当孩子出现这些情况以后，妈妈才发现自己的失职并且后悔不已，很可能已经来不及了。因为要修补受到伤害后的亲子关系，解决孩子的“情感饥渴”问题，或许要花很长很长的时间，也许永远也不能实现了。

做孩子最忠实的倾听者

自从儿子上了学，陈琪觉得儿子简直变成了一个“唠叨婆”。每天在回家的路上，儿子总是叽叽喳喳地说个没完：今天上了哪些课，都是哪些老师，老师批评了哪个同学，自己和谁闹了矛盾等。陈琪总是很不耐烦，觉得儿子说的这些事情没有一件是值得听的。

与陈琪的解决方法不同，张先生则总是耐心地倾听女儿的每一句话，偶尔插上一两句话，发表一下自己的看法。从学校到家里的这段路，张先生总是故意把车开得特别慢，以便能够倾听女儿的话。通过这样的倾听，他对女儿每天在学校的情况都会有个大概了解，如果孩子有什么思想上的问题也能及时解决。

一位著名的心理学家认为，父母让孩子通过语言把所有的感情都表达出来，不管是积极的还是消极的，都是对孩子最大的保护。从孩子的角度来看，他们总是希望父母能与他们分享生活中的一切，不管是快乐还是悲伤，而父母却往往只喜欢听孩子传喜讯。如果孩子考试取得了好成绩，得到了老师的表扬，父母听到后就会很开心；而当孩子对父母说一些学校里发生的趣事或者完全与自己没有关系的同学的事情，父母就会很不耐烦：“好了好了，妈妈很忙。不要再啰唆了！”“好烦啊，一边玩儿去！”

长此以往，孩子就会对父母失望，并且将这种坏心情埋在心里。当消极情绪始终找不到发泄和化解的渠道时，它就会不断积累，等到一定程度就可能突然爆发，变成一种对抗情绪。这种对抗情绪会很严重地损害家庭关系。

其实，不管是大人还是孩子，只有感觉到对方真诚地想要了解自己的生活并且认真倾听自己的想法时，才能听得进对方的话。所以父母如果想要在教育孩子的时候更有说服力，首先要确定自己是不是了解了孩子的真实想法。而要想真正了解孩子的内心和思想，就要认真倾听孩子的话，确定自己没有误解孩子的想法。

父母在倾听孩子的话时，首先要做的就是耐心听孩子说话。耐心听孩子讲话，不仅是对孩子的尊重，而且是一种积极的倾听。这种倾听并不是指默默地在一边，单纯地听对方说话，也不是随便敷衍一番，而是要以平等的姿态去用心倾听对方的话。倾听者要暂时把自己的评判标准放在一边，不管你对对方的语言或行为持赞成还是批判态度，都要无条件地接纳对方。积极倾听更多的是关注对方的心理，而不是话语。积极的倾听不仅要感同身受地去体会对方的心情，还要引导对方抒发情绪，宣泄那些不满、愤懑、悲伤、快乐、喜悦……

大多数妈妈在生活上非常关心孩子，但是在真正平等地对待孩子方面做得往往很不够。孩子在向妈妈诉说时，经常会被打断，甚至还有可能遭到指责。在这种情况下孩子只能把话咽回去。还有的时候，妈妈只是机械地听孩子说话，却没有认真体会孩子倾诉时的情绪。这种情况下，孩子的想法往往得不到妈妈的重视，他们也会渐渐地把自己的秘密埋藏在心里，做妈妈的就很难再去了解孩子的所思所想，长此以往，妈妈对孩子的教育就会感到无所适从。另外，妈妈如果不尊重孩子的说话权，那么孩子就会从心理产生反感和想要与之抗衡的情绪，进而导致亲子沟通出现问题。

那么怎么做才是积极的倾听呢？首先一定要做出听的姿势，一定要与孩子平视，不要给孩子居高临下的感觉。身体要向前倾，表示自己对孩子所说的话很感兴趣。另外，不要在自己和孩子之间制造障碍，家长喜欢双手抱着胳膊，或者边翻书边听孩子说话，这些对孩子来说都是一种障碍。此外，一定要看着孩子的眼睛，用眼睛来告诉孩子你很期待与孩子的交流。

在谈话中最扫兴的就是别人说“行了行了，我早就知道了”或者“哎呀，你真烦！没看妈妈忙着吗”。如果孩子刚刚开始说话，家长就说了这种类似的话，孩子说话的兴趣就一下子被浇灭了。

对孩子的倾诉行为最好的鼓励就是让孩子知道他所说的每一句话，你都认真听到了。这时候你可以用表情来传达自己认真听的状态。比如，保持微笑，而且时常做出吃惊的样子。孩子最爱“大惊小怪”，他喜欢看到大人对自己说的事情表现出吃惊的表情，因为这说明他很有本事。

很多青春期的孩子往往不喜欢听妈妈说话，更不愿向妈妈倾诉心事。但是如果他们向您谈起自己的心事时，请千万要耐心、感同身受地去倾听。因为这说明他正在努力向妈妈敞开心扉，试着缩小与妈妈的心理距离。当他们说出曾经所受的伤害时，就应当接受，去理解，并且积极寻找能够治疗这些“伤疤”的方法。

试想，如果妈妈听了孩子的话之后，常常因为孩子说出了自己的调皮事而训斥孩子的话，那么她很可能再也听不到孩子内心的想法了。这样的误解不仅会伤害孩子的心灵，也会破坏亲子关系。其实，很多时候，妈妈把与孩子的交谈当作是朋友之间的聊天，就能得到完全不同的效果。

妈妈怎么说孩子才肯听

低声说与大嗓门，哪个更有效

现实生活中，我们总是可以见到这样的场景：面对放声大哭的孩子，母亲越是歇斯底里地高声斥责，孩子哭闹的声音反而越大。实际上，孩子的大嗓门是被母亲的高分贝吊上去的。这种母与子之间的较量，只有等双方中某一方筋疲力尽才能结束。

美国的凯尼让大学语言研究班曾经与美国海军合作，研究在军事行动中一项指令的下达应该以多大的声音发出最合适。实验者们通过电话、舰船上的传声管，向接收者发送各种分贝的声音，结果表明：发送者的声音越高，接收者回答的声音越高；发送者的声音越低，接收者回答的声音越低。

这个规律告诉我们，当交谈双方的情绪处于紧张和敌对时，一方的低声也有助于降低对方的音量，从而缓解双方的对立状态。这就是心理学中的“低声效应”。这种效应给家庭教育的启示其实就是：有理不在声高。父母在批评孩子的时候，使用较低的声音要比使用较高的声音效果更好，而且越是批评、呵斥的话题，就越应该用低于平时的声调来讲。

妈妈有一天带着3岁的铭铭到邻居家做客。铭铭刚开始还很安静，但是过了一会儿，就开始在别人家床上蹦蹦跳跳，张牙舞爪。看到这种情况，铭铭的妈妈没有发怒，而是走到铭铭跟前，用轻得几乎让人听不见的声音在铭铭的耳边说："你觉得不经允许就随便在人家床上乱蹦乱跳，是一件好事吗？"

妈妈的声音十分轻柔，脸上挂着和蔼的微笑，但铭铭却像听到了严厉的批评一样，马上停止了乱蹦。

其实这个事例就体现了"低声效应"的作用。在家庭教育中，降低声调、压低声音的讲话方式有很多好处。

首先，从物理学的意义上来讲，一方用低声讲话，对方就必须要集中精力才能听清。在这种情况下，即使他并没打算认真听这些话，但是由于条件反射的听觉动作，还是会不自觉地捕捉你谈话的内容，并进行理解。

其次，洪亮的声音一般是用来面向公众的，比如用于演讲、舞台剧等；而小声说话则突出强调了这是两个人之间的谈话，不涉及其他人，是针对个人私下里讲的话，所以很容易形成一种"促膝长谈"的良好气氛。这对于正在挨批评的孩子来说，是一种不会引起紧张感的气氛。

此外，低声讲话给人的感觉是"理性"的表述，而不是感情的宣泄。低声讲话可以让听话的人感到你是理智的，从而让自己的话更有说服力，同时也促使听话的人保持理智。如果孩子在你的面前大声哭闹，那么你必须首先保证自己的情绪不被孩子的情绪感染，然后才能理智、冷静地分析孩子哭闹的原因，进而把孩子从波动的情绪中引导到理智的状态中来。

用不同于平日说话的低声来跟孩子交谈，其实也是在暗示孩子：现在爸爸妈妈的态度是异乎寻常的郑重，你一定要认真听才可以。

总之，低平的声音、沉稳的语调，能够促使对方认真倾听你的谈话，至少可以防止父母在教育子女时与孩子竞相拔高声音，使矛盾升级。低声说话可以使双方都处于冷静自制的状态中，可以为进一步说服孩子创造条件。相反，面红耳赤、声嘶力竭地数落孩子只会取得适得其反的效果。

南风效应：温暖的沟通法最得孩子心

法国作家拉·封丹写过一则寓言，北风和南风相约比试，看谁能把路上行人的衣服脱掉。于是北风便大施淫威，猛掀路上行人的衣服，行人为了抵御北风的侵袭，把大衣裹得紧紧的。而南风则不同，它轻轻地吹，风和日丽，行人只觉得春暖身上，于是解开纽扣，脱掉大衣。北风和南风都是要使行人脱掉大衣，但由于态度和方法不同，结果大相径庭。

这则寓言反映出这样一个哲理：即使出于同样的目的，采用的方法不同，最后导致的结果也会不同。心理学将这一哲理称为"南风效应"。

南风效应告诉了我们一个道理：温暖胜于严寒。也就是说，妈妈在教育孩子时，要特别讲究教育方法，如果你总是对孩子横加指责甚至体罚，就会令你的孩子把“大衣裹得更紧”；而如果你采用和风细雨“南风”式的教育方法，那么你会轻而易举地让孩子“脱掉大衣”，达到你的教育目的，收到更好的效果。

有个初三的女学生深深地爱上了她的同学而不能自拔，于是给他写了一封热烈的情书，没想到却被老师知道了。老师把这件事连同那封情书交给了女孩的妈妈，女孩既感到无地自容，又感到恐惧万分。

她硬着头皮回到了家里，可没想到妈妈并没有什么异样。女孩心里忐忑极了，她一晚上都在偷偷观察着妈妈，可最终也没发现妈妈有什么不寻常的变化。等到临睡之前，她的心终于稍微放松下来了，她随手翻起了放在桌子上的小说，却发现那封情书就夹在里面，另外还有一张妈妈的字条：“今天老师把这个交给了我，现在妈妈把它还给你。妈妈相信你可以自己处理好这件事情，相信你能权衡好感情和学业孰轻孰重。晚安，宝贝！”

俄国思想家别林斯基说过：“幼儿的心灵最容易受到各种印象的影响，甚至最轻微印象的影响……常常受到强烈的惩罚而变得粗暴的人，会残忍起来，冷酷起来，不知羞耻，于是连任何惩罚对于他都很快变得无效了。”的确，长期生活在北风式教育方式下，孩子可能会走向两个极端，要么对许多事情失去兴趣，给自己和他人造成伤害；要么不敢寻找独立，成为父母和老师眼中的“好孩子”。这样的孩子走上社会后，要么缺乏解决问题的能力，不敢承担人生的责任；要么缺乏自信，一生唯唯诺诺，活不出自己。

孩子都有本能的自我保护意识，他一旦发现妈妈想要教育他，就会扣上心灵全部的纽扣，把整颗心都封闭起来，进行紧张的心理防范。如果妈妈能从孩子的心理出发，消除孩子的对立情绪，创造心理相容的条件，就能顺利开启孩子的心理围城，脱去他紧护心灵的外衣，敞开心扉。

因此，妈妈要时刻谨记：家庭教育中采用棍棒、恐吓之类“北风”式教育方法是不可取的。实行温情教育，多点表扬，培养孩子自觉向上的能力，才能达到事半功倍的效果。

教育不粗暴，说服有技巧

如果家长总是对孩子指指点点，就会给孩子造成咄咄逼人的感觉，令他难以接受，甚至因此引发对立情绪。相反，如果家长掌握说服孩子的方法与技巧，就能让孩子心悦诚服地接受家长的观点，收到事半功倍的教育效果。

有这样一个小故事：

齐景公生性好玩儿，常常爬到树上去捉鸟。晏子想说服齐景公改掉这个习惯。有一天，齐景公掏了鸟窝，一看是小鸟，就又放回鸟窝里。晏子问：“国君，您怎么累得满头大汗？”齐景公说：“我在掏小鸟，可是掏到的这只太小、太弱，我又把它放回巢里去了。”晏子称赞说：“了不起啊，您具有圣人的品质！”齐景公问：“这怎么能说明我具有圣人的品质呢？”晏子说：“国君，您把小鸟放回巢里，表明您深知长幼的道理，有可贵的同情心。您对禽类都这样仁爱，何况对百姓呢？”齐景公听了这些话十分高兴，以后再也不掏鸟窝玩儿了，而且更加关心百姓的疾苦。晏子顺利地达到了说服的目的。

晏子的赞美最终说服了固执顽皮的齐景公。由此可见，赞美对人有一种无穷的力量。

心理学研究告诉我们：每个人的内心都有自己渴望的“评价”，希望别人能了解，并给予赞美。所以，家长在说服孩子时，不妨用“放大镜”观察孩子言行中的闪光点，给孩子一个超过事实的美名，让孩子得到心理上的满足，找回自信，进而在较为愉快的情绪中接受家长的劝说，学会自律。

如果你希望孩子按你的想法行事而孩子却并不愿意这样做，那么你就要想办法去说服你的孩子，而不是用简单粗暴的方式命令他。但是，说服也需要技巧，也就是说，要根据不同的问题选择适宜的说辞。如果不管什么情况，都用同一种方法去说服，就很难顺利达到目的。因此，要想说服孩子，就必须巧妙妥善地运用各种表达方法。

欢欢放学回家，进门就嚷着要吃红烧肉，恰巧欢欢妈不在家。欢欢看见爸爸，就嚷着对爸爸说：“爸爸，我快饿死了，你做了什么好吃的？”

欢欢爸想到儿子从来不愿意自己出去买东西，就准备借机锻炼一下他，于是说道：“妈妈今天不回来，要吃饭就得我们自己做。我看干脆晚饭不吃了吧，煮饭麻烦，法律也没有规定一天吃三顿呀。”

“可是我肚子饿得不行了。”

“你想吃什么？”

“我想吃红烧肉。”

“那你去买吧。”

“拿钱来。”

欢欢的爸爸首先提议“不吃晚饭”，让欢欢感到“绝望”，再提出“去买肉”这个劝说目标，于是欢欢就非常痛快地答应了，从而顺利地解决了问题，达到了自己想要锻炼孩子的目的。

心理学中有一个“欧弗斯托原则”，指说服一个人的时候，利用巧妙的说辞，让对方不得不接受你的提议。可见，欢欢的爸爸在说服欢欢独自上街买东西时，就运用了这个技巧。

想要说服孩子，家长就不要总是急于发表你的看法。如果你的孩子喜欢犟嘴，那么在说服他的时候，不妨先听孩子把他想说的话说完，然后你再发表自己的看法。同时，还要多反省一下你自己的行为，因为孩子有的时候跟父母对着干，是对过分控制他们的家长或过度保护他们的家长所做的最直接的反抗。所以，当孩子反抗时，你要反省一下，自己是否说得过多？是不是老在下命令？是不是动不动就唠叨和责备孩子？

再有，任何时候只要有可能，就多给孩子一些选择。多问孩子一些类似选择性的问题，比如“你觉得……”“这个怎么样”，切勿说“你应该……”“你为什么不能……”这样的话。

最后，要想让孩子不加抵抗地改变主意，你就要学会晓之以理、动之以情，这是任何消极对立的观点都难以招架的。打动孩子的感情要比简单生硬的命令和责难强十倍，所以，家长对孩子说出的每一句话，都要有诚意，都必须是发自内心的，是真心实意地渴望与孩子交流的，并渴望得到孩子的认同与理解。

超限效应：说教切忌唠唠叨叨

小博从小身体就很弱，所以妈妈总是非常担心他的健康。每天早晨一起床，妈妈就开始了唠唠叨叨：“小博，多吃点儿饭，这样身体才能好！”“小博，今天天气冷，多穿点儿衣服别感冒了！”“小博，外面刮风了，别忘了戴上帽子！”“小博……”终于有一天，小博生气地对妈妈说：“天天就是这些话，烦不烦啊！”说完背起书包夺门而出。妈妈则是眼泪汪汪，觉得十分委屈：我这不都是为了孩子好吗？孩子怎么能这么说我？

实际上父母过多的叮咛，并不能达到预期的效果，反而会因为过于“唠叨”使孩子感到不耐烦而听不进去，或者听得太多感到麻木，这都是因为产生了“超限效应”。

心理学上，机体在接受某种刺激过多的时候，会出现自然而然的逃避倾向。这是人类出于本能的一种自我保护性的心理反应。由于人的这个特征，在受到外界刺激过多、过强或者作用时间过久时，会使人的心理极不耐烦甚至产生逆反情绪。这种心理现象就叫作“超限效应”。“超限效应”提醒家长们：人的心理对任何刺激通常都会有一个承受的极限，如果超过了这个极限，就会向相反的方向转化，也就是我们常说的“物极必反”。

当父母批评孩子的时候，应该记住：孩子犯了一次错，只能批评一次。如果需要再次批评的时候，要注意换个角度，用不同的话语去提醒孩子，这样才不会让孩子觉得因为同样的错误被父母“穷追不舍”，也不会因此对父母的说教感到厌烦。如果对于一个错误，父母一次、两次、三次，甚至四次五次地做出同样的批评，就会使孩子原本感到有些内疚不安的心情转变为不耐烦，最后发展到反感至极，甚至出现“我偏要这样做”的逆反心理。

为了避免批评时的“超限效应”，父母在教育孩子的时候要注意：要订立规则。如果孩子违反规则一次、两次，可以批评，但如果在此基础上仍旧违反，就要根据规则采取一些惩罚性的措施，不能只说不做，否则也会降低父母在孩子心中的威信。

有些父母可能认为，对孩子批评多了不好，那多表扬肯定没错了吧？其实表扬也同样存在着“超限效应”。表扬太多，会让孩子觉得父母是在哄自己，名义上是表扬，实际上是在提醒他这些方面做得不够好，要多注意。于是孩子一听到类似的表扬，就会感到不舒服。

还有些父母喜欢对孩子进行过多的大而空的说教。孩子即使认为父母的话在理，也会由于在短时间内遭受集中“轰炸”而感到难以承受。这也是许多青少年爱和父母犟嘴的原因。

从上边的内容可以看出，无论是批评还是表扬，甚至只是平时的教育，父母都应该掌握好“度”。任何事情如果过度，就会产生“超限效应”；如果不及，又达不到既定目的。所以只有掌握好火候分寸，做到恰到好处，才能得到理想的教育效果。

第五章 ‹‹‹‹‹

“梅花香自苦寒来”，不可或缺的逆商教育

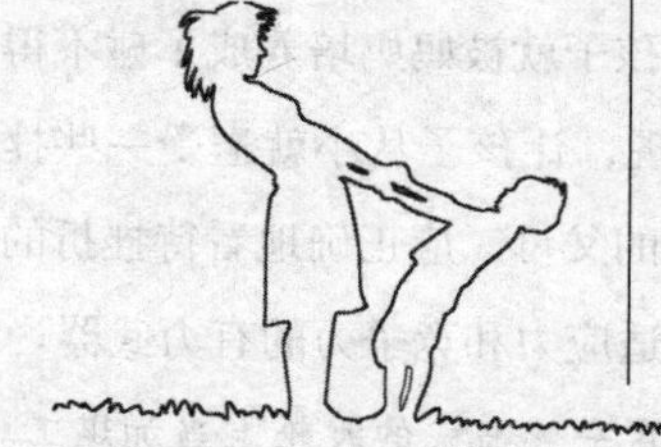

告诉孩子：没有人会一直做赢家

你的孩子是不是个“瓷娃娃”

不少妈妈认为，儿童年龄小，心理承受能力差，只能接受良好的环境，并且以为“挫折”只能给孩子带来痛苦和紧张，所以把挫折看成是有百害而无一利的事情，无形之中孩子就被妈妈培养成了碰不得的“瓷娃娃”。其实，心理学家研究发现，让孩子从小就遭受一些挫折是很有好处的。作为孩子心目中偶像的父母，应正确地看待挫折的教育价值，把它看成是磨炼意志、提高适应力和竞争力的有力武器。

霍英东找到的第一份工作，是在一艘旧式的渡轮上当加煤工。可是他的身体实在太单薄了，顾得上铲煤就顾不上开炉门，刚上班就被辞退了。不久，霍英东找到了第二份工作，日本占领军扩建启德机场，需要大量劳工，但工资非常低，每天只给200克大米和七角五分钱。而霍英东从他家所在的湾仔乘车到机场，路费就得八角钱！霍英东没有办法，只好多吃些苦选择步行，省下这笔交通费。

他每天天不亮就起床，步行赶到码头，花一角钱渡过海，然后骑车赶到机场上班。劳工们干的都是苦力活，挖石抬土，消耗很大，但食物却很少，一天只能吃到一碗粥和一块米糕。霍英东总是感到又累又饿。有一天，工头让他去搬重达200多千克的煤油桶，结果被砸断了一根手指！工头也是中国人，出于同情，把霍英东调去学做汽车修理工。可是没过多久，喜欢冒险的霍英东自己试开汽车，结果把车撞坏了，又被炒了鱿鱼。

对于霍英东经历的这一切，母亲从来没有责备过他，而总是极力鼓励和支持，使得霍英东有了继续奋斗的勇气和信心。经历了无数挫折和艰苦，霍英东最终成为人们眼中的超级成功人士。他是国际著名的房地产产业的巨头，亿万富翁。由他创办的霍兴业堂置业有限公司，拥有香港建筑所必需的国产海沙的输港专利权，形成了一个遍布海内外的庞大工商业体系。

霍英东之所以能够取得成功，不仅仅是因为他有一个聪明的大脑，合适的机遇，还跟他个人的努力分不开。其中尤为重要的还有妈妈对他的支持，对他挫败经历的认同和鼓励。

生活不是理想中的世界，生活中充满失败与挫折，所以妈妈们应该让孩子从小就懂得这一点，并培养他们在失败与挫折中有继续奋进的勇气。妈妈可以通过古今中外许多历史人物或现代成功名人的例子，让孩子知道“失败”并不可怕，可怕的是一蹶不振和永远地放弃自我。要让他们从小知道，失败并不可耻，只要肯努力，总会成功的。

有道是“人间没有不凋谢的花，世上没有不曲折的路”。妈妈要教育孩子坦然地面对挫折，把挫折看作前进道路上必经的关口，从而增强心理的韧性。同时妈妈还要指导孩子调整努力的目标，扬长避短，努力发挥自己的优点和长处。

任何人的成长都要经历无数的挫折。如果孩子总是一帆风顺，那么一旦遇到困难，他就会情绪紧张，束手无策。因此，妈妈在平时应有意识为孩子创设挫折情境，为孩子打下勇于面对困难的预防针，让他获得应对挫折的适应能力。比如，妈妈可以让孩子负责某件事情等，但要注意，障碍设置难度要适中，否则屡次失败，容易引起孩子的自卑。

心理学家研究发现，当孩子真的遇到挫折时，妈妈不能置之不理，采取“无视”态度或者指责、谩骂孩子，而应帮助孩子认真分析挫折产生的原因，采取正确的方法战胜挫折。同时还应让孩子认识到挫折本身并不可怕，重要的是要敢于面对挫折。因此，妈妈在孩子遇到挫折时，适时地扶他一把，给予鼓励，才能帮助孩子学会忍受暂时的焦虑与不安，加强对困境和压力的容忍力，并且有信心和方法去克服困难。

心理学家们指出，挫折是人生的一部分，接受它，就是接受成长。所以，妈妈要认识到，孩子一生中不遇挫折是不可能的，要想让孩子在竞争中立于不败之地，必须对孩子进行挫折教育，不让孩子变成碰不得的“瓷娃娃”。在适当的环境下放开手脚，留给孩子一个生活自理的空间，让他在摔倒中逐渐增强抗挫的能力，使孩子能始终保持积极心态，形成执着的品性。

世界“不公平”，心情要平静

父母们都明白，生活不总是公平的，就像大自然中，鸟吃虫子，对虫子来说是不公平的一样，生活中总会有些力量是阻力，不断地打击和折磨孩子。外界的事物什么样，这由不得孩子去选择和控制，但用什么样的态度去对待，可以由孩子自己做主。面对生活中的种种不公正，能否使自己像骆驼在沙漠中行走一样自如，关键就在于孩子是否足够坚忍，能够用一颗平静的心去面对，这也是成大事者的一种格局。

周晓龙今天很不开心，因为自己的劳动成果被别人窃取了。

事情是这样的，上周学校组织了一场英语演讲比赛，对于英语每次都拿“优秀”的周晓龙来说他决不会放过这次锻炼自己的大好机会。不过学校对参赛选手有个要求，就是所有参加比赛的稿子都必须是原创。于是周晓龙用三天时间翻阅各种资料完成了一篇非常满意的稿子，就等着比赛那天“惊艳全场”。

时间很快到了比赛的前一个晚上，同是参赛选手的余天看晓龙这么胸有成竹，提出想看看周晓龙的稿子：“嘿，晓龙，明天就比赛了，把你稿子给我看看行吗?”

作为好朋友，周晓龙当然没有拒绝：“可以，等会儿我就把稿子给你。”

让周晓龙没有想到的是，余天看完稿子后竟然把最精彩的几段挪用到了自己的稿子上，那天的比赛余天在周晓龙前面出场，于是裁判们普遍觉得余天的稿子更胜一筹，把冠军给了余天。

结果出来的时候周晓龙差点哭了出来:“明明是我写的稿子,余天凭什么窃取自己的东西?而且让人无法接受的是评委竟然把冠军给了那个‘抄袭者’,这也太不公平了!”

我们必须承认生活是不公平的这一客观事实,但这并不意味着消极处世,正因为我们接受了这个事实,我们才能放平心态,找到属于自己的人生定位。命运中总是充满了不可捉摸的变数,如果它给孩子带来了快乐,当然是很好的,孩子也很容易接受,但事情往往并非如此。有时它带给孩子的是可怕的灾难,这时如果孩子不能学会接受它,反而让灾难主宰了自己的心灵,生活就会永远地失去阳光。

威廉·詹姆士曾说:“心甘情愿地接受吧!接受事实是克服任何不幸的第一步。”孩子一定要学会接受不可避免的事实。即使孩子不接受命运的安排,也不能改变事实分毫,孩子唯一能改变的,只有自己。面对不可避免的事实,我们应该学着做到诗人惠特曼所说的那样:“让我们学着像树木一样顺其自然,面对黑夜、风暴、饥饿、意外等挫折。”

心理学家说,生活的不公正能培养美好的品德,孩子应该做的就是让自己的美德在不利的环境中放射出奇异的光彩。明白了这些,孩子就能够善于利用不公正来培养自己的耐心进而生发出希望和勇气。比如在缺少时间的时候,孩子可以利用这个机会学习怎样安排一点一滴珍贵的时间,培养自己行动迅速、思维灵敏的能力。就像野草丛生的地上能长出美丽的花朵,在满是不幸的土地上,也能绽开美丽的人性之花。

你的孩子也许正为一个专横的朋友而心烦,并因此觉得很不公平，那么让他放平心态，不妨把这看作对自己的磨炼吧，用亲切和宽容的态度来回应朋友的无理取闹。借着这样的机会磨炼孩子的耐心和自制力，让他试着转化不利的因素，利用这样的时机增强精神的力量。而孩子的朋友经过他的感化，将会认识到自己行为的不妥，从而改变自己的做法。同时，孩子自己也将提升到更高的精神境界，一旦条件成熟，孩子就能进入崭新的、更友善的环境中。

要好胜，也要输得起

生活中，好胜的孩子容易取得成绩，懂得如何去奋斗如何去进取，但这样的孩子一旦把握不好“赢”的度，就容易“输不起”，一旦出现什么打击就会一蹶不振。

在心理学上，“认识自己”也叫作“自我知觉”，即人对自我的感知。认识自己是非常重要的，一个孩子越了解自己，就越有力量。因为他知道如何扬长避短，如何最大限度地发挥自己的潜力。很多成功人士都是了解自己的人。

英国作家哈尔顿在采访达尔文时，毫不客气地直接问达尔文：“您的主要缺点是什么？”达尔文答：“不懂数学和新的语言，缺乏观察力，不善于合乎逻辑的思维。”哈尔顿又问：“您的治学态度是什么？”达尔文又答：“很用功，但没有掌握学习方法。”达尔文既能认识到自己的优点，又能够理性地分析自己的缺点，才是真正全面而客观的自我定位。

自我认知贯穿于人成长的整个过程中。孩子们从懂事起，就开始不断追寻“我是谁，我从哪里来，又要到哪里去”这些生命的本源问题。他们在一次次反思中，开始了解自己。下面例子中的这个妈妈无疑为孩子树立了一个很好的典范：

一位作家的寓所附近有一个卖油面的小摊子。一次，这位作家带孩子散步路过，看到小摊子生意极好，所有的椅子都坐满了人。

作家和孩子驻足围观，只见卖面的小贩把油面放进烫面用的竹捞子里，一把塞一个，仅一会儿就塞了十几把，然后他把叠成长串的竹捞子放进锅里烫。

接着他又以极快的速度，将十几个碗一字排开，放大料、盐、味精等，随后他捞面、加汤，做好十几碗面前后竟不到5分钟，而且还边煮边与顾客聊着天。

作家和孩子都看呆了。

在她们从面摊离开的时候，孩子突然抬起头来说：“妈妈，我猜如果你和卖面的比赛卖面，你一定输！”

面对孩子突如其来的话，作家莞尔一笑，并且立即坦然承认，自己一定会输给卖面的人。作家说：“不只会输，而且会输得很惨。我在这世界上是会输给很多人的。”

她们在豆浆店里看伙计揉面粉做油条，看油条在锅中胀大而充满神奇的美感，作家就对孩子说：“妈妈没有炸油条的人做得好。”她们在饺子馆，看见一个伙计包饺子如同变魔术一样，动作轻快，双手一捏，个个饺子大小如一，晶莹剔透，作家又对孩子说：“妈妈没有包饺子的人做得好。”

如果以自我为中心，会以为自己了不起，可一旦我们把心安静下来，就会发现我们是多么渺小。我们应该正确地认识自己，既要看到自己的优点，也要看到自己不如别人的地方。

自我认知是一个艰难的历程，在大多数情况下，孩子借助复杂多变的外界信息来认识自己。由于外界信息复杂多变，因此孩子对自己的认识很容易受到外界信息的暗示，而不能正确地认识自己。在一段时间里，错误的认知很可能影响孩子对人生、未来的感知。比如，考试失利打击了孩子的自信心，孩子由此一蹶不振；孩子上课自信满满地举手回答问题，结果答案错得离谱被同学们嘲笑，于是以后就算自己真的知道答案也不敢举手回答老师提出的问题；再如，孩子每次都考第一名，偶尔被其他同学超过就心生怨气想打击报复同学；孩子一直表现不错总是得到妈妈的表扬，某天犯了错误被批评以后就受不了，觉得妈妈不爱自己。这些典型的“输不起”心态就好像长在孩子心里的毒瘤，影响他们的正常生活。

在现实生活中，人们不会去嘲笑一个勇敢的失败者，因为知道他肯定会从头再来，夺取更大的成功。只有那些赢得起却输不起的孩子，才会遭到人们的鄙视。人们知道他们失去了奋斗的勇气，永远也站不起来了。

因此，在家庭教育中，家长要鼓励孩子绝不能向挫折投降，要勇敢地面对挫折，学会在遇到挫折时平衡自己的心理，开导自己，为自己解脱，从而更坚强、更豁达地面对挫折、面对困难。坚强地面对挫折可以让他们受益一生，它会让孩子变得更勇敢、更自信。

妈妈必须教导孩子做人既要好胜更要输得起：“孩子，你会赢，但也会输给很多人。”“胜不骄、败不馁”是一种可贵的品质，这种品质决定一个孩子能不能走向成功。孩子表现良好的时候，正面的鼓励固然是一种积极的心理暗示，但是要有个度，不要让孩子的自满开始膨胀；孩子受到打击自暴自弃的时候妈妈也要告诉孩子“来日方长”的道理，要让孩子知道：一个人必须正确地认识自己，这是做人的一个最起码的要求。

放手，让孩子去失败

心理学家们告诉妈妈，孩子是通过失败来学习的，经历过挫折、困难，孩子才能够有所领悟，获得成长。但是，性急的妈妈总是因为孩子的困难和失败而心痛，从而剥夺孩子领悟如何从失败中学习的机会。

妈妈要想孩子独立性强，自律性高，就必须要让他自己从失败和挫折中领悟和学习。妈妈要有让孩子自己努力赢得想要的东西的智慧。如果妈妈要提供帮助，也应该是真正有意义的帮助，而不是干涉和唠叨。

一位母亲为她的孩子伤透了心，她在心灰意冷的情况下去找心理医生。

医生问：“当您的孩子第一次系鞋带时，打了个死结，从此之后，您是不是再也不给他买带鞋带的鞋子了？”母亲点点头。

医生又问：“孩子第一次刷碗的时候，打碎了一只碗，从此以后，您是不是再也没用过他刷碗？”母亲称是。

医生接着说：“孩子第一次整理自己的床铺，用了很长时间，您看不过去，从此代替他叠被子了，是吗？”这位母亲惊愕地看了医生一眼。

医生又说：“孩子大学毕业去找工作，您怕孩子找不着工作，便动用了自己的关系和权力，为他谋得了一个令人羡慕不已的职位。现在您却为孩子的适应能力太差而感到恐慌了！您怕他不能胜任一份好工作，怕他娶不到媳妇，怕他以后过得很凄惨……”

这位母亲更惊愕了，从椅子上站了起来，凑近医生问：“您怎么知道的？”

“从那根鞋带知道的。”医生说。

母亲问：“我以后该怎么办才好？”

医生说：“当他生病的时候，您最好带他去医院；他要结婚的时候，您最好给他买好房子；他没有钱时，您最好及时给他送钱。这是您今后最好的选择，别的，我也无能为力。”

母亲这种不肯放手让孩子去为自己的未来负责的爱，伤害了孩子，使他适应外界环境的能力即“自适应心理”长期处于停滞生长状态或休眠状态，最终成为“母爱”的牺牲品。

在心理学上，“自适应心理”是指人们自我调节，应变适应环境的能力。这种能力与生俱来。保加利亚学者佩尔努曾作过一段描述：“婴儿被相当于200牛的力推出，从温度为37摄氏度的温暖母体腹水中被抛了出来。在那个环境中，他像宇航员处于失重的状态，现在来到空气温度为20摄氏度左右的寒冷环境中，而且在这个环境中还必须呼吸。”从他的这段论述中，我们不难看出，从新生婴儿脱离母体的那一刻起，就已经用他天生的自适应能力来积极回应母亲子宫之外广阔的生活。他不仅能够适应这种内外温差，而且很快便开始在这种环境中健康成长。接下去，他会积极地适应家庭生活，以后还要适应缤纷多彩的学校生活，继而要适应复杂的社会生活。

孩子不仅天生能够自我调节，适应外界环境，而且也确实应该主动去适应，这无疑对他们的未来产生极大的推动作用。心理学家认为，那些自适应心理素质好的孩子，他们对未来有着强烈的求知欲，他们会有选择地接受未来发生的事情，理智地分析生活中的变化。他们有主见，不盲从，明白想要的未来。因此，他们能够用“未来”的要求来规划自己的行为和思想，不断地为成长增值。

如果父母总是为孩子提供“善意的帮助”，剥夺孩子独立的处事能力，那么孩子长大后势必无法把握自己的生活。所以家长们不如放开手，让孩子去接受挫折的存在。在孩子向尚未经历过的事情挑战时，一般会饱受失败的折磨。不过，忍耐这种痛苦也是一种必需的经验。孩子在这个过程中，会调用内心深处的“自我帮助系统”来协助自己处理挫折与失败，从中得到各种各样的处理事情的方法，从而使稚嫩的“羽翼”渐渐丰满。

请绕行：挫折教育的误区

孩子在经历挫折时常会产生比较消极的情绪和抵触心理，经历一定的挫折，对形成他们的坚强意志是有益的。从孩子的心理特点出发，孩子的随意性活动占主要地位，所以在新的教育观念下妈妈应多为孩子进行挫折教育，孩子摔倒之后让他自己爬起来，这对孩子来说是一个非常重要的磨炼过程，这样既强化了孩子的意志又锻炼了孩子克服困难的能力。

但是，很多父母混淆了“挫折教育”的概念，一味地给孩子制造困难，结果适得其反。据心理学家们统计，我国目前中小学生存在的心理疾患中，30% 左右是源于年幼时经历的挫折和打击没有得到父母正确的引导。

据心理学家的调查结果显示，父母在对孩子进行挫折教育时，最容易走入的误区是：1. 障碍设置过难。2. 为了安抚孩子的情绪而将失败归咎于外界环境以及妈妈心太急。3. 希望孩子的挫折教育能够一蹴而就。

家长在对待幼儿挫折教育的问题上，首先，要意识到幼儿期是个体个性形成的关键期，有意识地让孩子品尝一些生活的磨难，让孩子懂得人生的道路是坎坷的，学会在挫折中接受教育，这对培养他们吃苦耐劳的精神、独立意识、应付困难的勇气和心理承受能力，是十分必要的。

妈妈为孩子设置的情境必须有一定的难度，能引起孩子的挫折感，但又不能太难，应是孩子通过努力可以克服的。同时，孩子一次面临的难题也不能太多。适度和适量的挫折能使孩子主动调节自己的心态，正确地选择外部行为，克服困难，追求下一个目标；对孩子过度的挫折教育会损害他们的自信心和积极性，使孩子产生严重的挫折感、恐惧感，直至最后丧失应对挫折的兴趣和信心。

其次，心理学家们提醒，妈妈要了解挫折教育是贯穿在每一天中的，贯穿在那些成人看起来是不起眼的小事中的。如孩子摔倒了，有些妈妈会赶紧跑上前扶起孩子，还对孩子说：“都怪这块儿地板让我们家宝宝摔一跤，看妈妈打它。”然后妈妈作出狠踩地面状。这样的结果是使孩子把跌跤归因于外因，不能正确地面对挫折。正确的方法是妈妈帮助孩子了解产生挫折的原因和应付的对策，比如告诉孩子：“这是因为你走路不看地面才绊到石头摔倒的。”知道了原因，孩子才能很好地改正。

在学校举行的中学生体育文化艺术节才艺比赛中，最终只有三位同学获奖，他们捧着奖杯在台上喜笑颜开。

经过一番努力最终却没有得奖的孟小松坐在台下难受极了，只见他默默无语、表情严肃。坐在一旁参加活动的妈妈见儿子这副模样很是担心，于是问：“小松，你怎么了？”

“没什么。”孟小松不想让妈妈看见自己失态的样子，连忙说：“一会儿就好了，您看节目吧。”

十月怀胎，朝夕相处，妈妈怎么会不了解自己的儿子，于是妈妈想安慰安慰儿子，可是脑袋里翻来覆去也没有找到什么好词儿，于是妈妈伸出胳膊揽过孟小松的脑袋说：“妈妈的乖儿子，没关系，输就输了吧，其实得奖的小朋友们还没有咱们演得好呢，你没得奖是因为评委们没眼光，哼！”

孩子为比赛输了难受并非坏事，因为这既是情绪的自然发泄，也是一种争强好胜、要求上进的表现。但此时心理学家们指出，妈妈不能对孩子说：“输就输吧，没关系，输是评委没眼光不公平”，这样将失败归咎于外界环境，会助长孩子无所谓的心态，妈妈最正确的做法应该是帮助孩子分析失败原因，认识到自己的不足，才能让孩子有收获。

最后，妈妈对孩子的任何教育都是一个缓慢的过程，挫折教育不能一蹴而就。心理学家指出，孩子的挫折教育在出生后就应该开始。每个阶段父母都应该积极地与孩子建立健康的亲子关系，让孩子对父母及环境产生美好的信任感，为与孩子在挫折教育中的沟通打下基础。而不是哪天妈妈想起来就进行一下，没想起来就算了，时断时续反而让孩子不能严肃地去看待这件事情，达不到应有的教育效果。

孩子遭受挫折后怎么办

正确归因，让孩子认清事实

心理学家说，犯错是孩子的惯常行为之一，错误本身并没有可怕之处，最让人担忧的是，当错误已成事实的时候，孩子却选择了逃避，而没能从中学到生活的经验。由此，当孩子犯了错误之时，妈妈绝不能毫无原则地让步，更不能姑息放任。妈妈必须帮助孩子正确归因，让他们认清事实，知道自己为什么失败，为什么犯错，错在什么地方。

报纸上曾经登载过这样一件事：

三年级学生李某一天放学后在回家的路上走，两名中学生拦住了他的去路："喂，借点钱给我们用用。"10岁的李某虽说从来没碰到过这种场面，但也毫不示弱："我不认识你们，没钱。"其实，那两人早就看到他的裤袋里藏了个鼓鼓的钱包，干脆抢了就跑。这可是李某攒了180天的零用钱，共180元。他哭着喊着去追赶，可哪里还追得上。旁边的大人还以为是小孩儿在吵架，谁也没当回事。

一星期后，李某在班主任许老师的护送下，与同学一起排队走出校门。上次抢钱的一名中学生出现了，不同的是，这次他的身边还站着一个大人。大人把李某叫到一边说：“对不起，我儿子不争气，抢了你的钱包。你的180元钱和钱包现在在他同学手里，我马上通知那个同学的家长。”只一刻钟，当时结伴的另一名学生也赶到了，大人让两个孩子一起向李某道歉。

原来，这名抢钱的中学生的妈妈得知儿子与同学合伙抢了一名小学生的钱包后，寝食不安，仅凭儿子一句“那个学生可能在某某学校读书”，她便每天上学放学，带着儿子到那一带的小学逐个认人，终于发现了背着书包排队出来的李某……

这位正直而充满勇气的妈妈，用另一种方式，一种比惩处更有效的方法，为自己的儿子、为更多的妈妈上了生动的一课：当孩子犯了错误时，千万不要偏袒他们，而是应该正确归因，让孩子认清事实，让他们为自己的行为担起责任。

心理学家指出，躲避责任，只会让孩子留下人生的“硬伤”，甚至一错再错。生活中，当孩子犯了错误的时候，家长们要把握好分寸，让孩子多从自己身上寻找原因，不断地完善自己，学会为自己所经历的一切负责。有一个年轻人，他在自己的文章记录了母亲在一件事情上给过他的启悟：

中学时，我是住校生。每次离家前，母亲总不忘叫我带上一小袋米，因为我所就读的中学要求学生自己带米。

又是一次返校，因为疲劳，一上车我就昏昏欲睡。突然，一个紧急刹车把我从梦中惊醒。我睁开眼睛，浑浑然间感觉前面有一摊耀眼的白色。定睛一看，我大叫起来——“天啊，我的米！”不知何时，米袋口脱开，米从袋子里滑落下来，摊在地上一堆。当我失声尖叫的时候，一个冷漠的眼神从旁边斜射过来。我看见一张写满不屑的脸，仿佛在告诉我他看到了米滑落的整个过程。刹那间，我的整个肺都要气炸了，他怎么可以这样冷漠？世界上竟然还有这样的人存在！我不知道应该用哪一种方式去让自己平静。我只是蹲在那个年轻人的面前，用双手一捧一捧地把米装回袋子，然后安静地等着下车。

此后，我一直被一种从未有过的愤怒和惘然所包围。我开始怀疑一些东西，重新审视身边的一切。

当我又一次回到家里，讲述那天车上的遭遇时，我余怒未消，用最狠毒、最丑恶的字眼来诅咒同车的那个年轻人。我满以为母亲会与我同仇敌忾，声讨这个年轻人的劣行。不料母亲却平静地说："孩子，你可以觉得委屈，甚至可以埋怨，但你没有权利要求别人去承担你自己的责任和过失。作为母亲，我只能希望我的儿子在别人的米袋口松开时，能帮忙系上。"

这位母亲的语言中充满了智慧，她很平静地告诉了儿子一生做人的道理：凡事不要把希望寄托在别人身上，更不要埋怨别人，永远也不要盼望着让别人来为你承担责任。从这位母亲的做法之中，我们可以参悟出培养孩子的心得：我们可以从身边的平凡小事中延伸到立身社会、处世做人的准则，经常告诫孩子凡是自己做错的事，自己就要负责任地尽量改正或想办法弥补，不能让别人来替你收尾，甚至来承担责任和弥补你的过失。自己的事情自己负责，这样的孩子在进入社会时，才会少一些尴尬，多一分练达。为自己的过错担当责任，孩子在面向广阔的人生天地时，才能赢得别人的信赖，并会有所成就。

失败也是另一种收获

失败带给孩子的除了痛苦、失望就没有其他收获了吗？

失败的结果就一定是惩罚吗？

其实不然，在这个世界上，每一个人都经历过无数次的失败。当然，也包括成功人士在内，他们的成功也并非是一帆风顺的。

一位成功人士曾这么说："人生是一个积累的过程，你总会有跌倒的时候，即使跌倒了也要懂得抓一把沙子在手里。"记得一定要抓一把沙子在手里，只有这样才有跌倒的意义。所以妈妈可以告诉孩子，跌倒并不可怕，关键在于如何面对跌倒。如果孩子经受不住跌倒的打击，悲观消极，一蹶不振，那么跌倒便成了他们前进的障碍和精神的负荷。如果孩子将跌倒看成是一笔精神财富，把跌倒的痛苦化作前进的动力，那么跌倒便是一种收获。

瑞典电影大师英格玛·伯格曼是对现代电影最具影响力的导演之一，他曾经重重地跌倒过。

1947年，电影《开往印度的船》杀青后，出道不久的伯格曼自我感觉棒极了，认定这是一部杰作，"不准剪掉其中任何一尺"，甚至连试映都没有就匆忙首映。结果拷贝出了重大灾情，糟透了！伯格曼在酒会上将自己灌得不省人事，次日在一幢公寓的台阶上醒来，看着报纸上的影评，惨不堪言。

这时，他的朋友幽默地说了一句话："明天照样会有报纸。"

此话给伯格曼莫大的安慰。明天照样会有报纸，冷嘲热讽很快都会过去的，你应该争取在明天的报纸上写下最新最美的内容。

伯格曼从失败中吸取了教训，在下一部电影的制作中，只要有空就去录音部门和冲印厂，学会了与录音、冲片、印片有关的一切，还学会了摄影机与镜头的知识。从此再也没有技术人员可以唬住他，他可以随心所欲地达到自己想要的效果。一代电影大师就这样成长起来了。

有时，我们虽然没有收获胜利，但我们收获了经验和教训。失败让我们真正了解了世界，失败也让我们重新认识了自己。失败虽然给我们带来了痛苦和悲伤，但失败也给我们带来了深刻的反思和启迪。

心理学家们说，孩子的人生有高潮，也就会有低潮。有时候危机会成为一种打击，将孩子击倒在地，但是孩子千万不要就此一蹶不振。相反，孩子应该勇敢地站起来，因为当孩子站起来之后，他们会发现：危机已经走远。如果孩子站不起来的话，危机将永远压在他们的身上。危机就像是闪电，它可以将孩子一时击晕，使孩子昏迷在地，但是醒来之后，孩子依旧可以顶天立地，而这时雷电早已消散无踪。那些跌倒了也要抓一把沙子的孩子，便领会了重新站起走向成功的真谛。

别低估了孩子的抗挫力

生活中，妈妈总是喜欢低估孩子的抗挫能力，他们往往觉得孩子太弱小，无法独自克服困难。这种态度反过来又会使孩子认为，自己真的没有能力应对现实。

心理学家常常会接待这样的母亲，她们被自己的孩子伤透了心，因为孩子对任何事都没有热情，他们的口头禅是："我做不到，你别逼我。"心理学家发现，这些母亲的共同之处是：如果孩子第一次系纽扣的时候系错了位置，母亲们便不会再给孩子买有纽扣的衣服；如果孩子第一次洗碗的时候弄湿了衣服，母亲们就不再让孩子走近洗碗池。这样的孩子永远也学不会系纽扣，学不会洗碗。他们长大后遇到困难也会想办法绕开，他们没有学会克服困难。有时候，妈妈们真的需要咬咬牙，放手让孩子去独立完成一些事情，让他们在这个过程中感受挫折，寻求解决问题的方法，以此培养一颗强大的心。

有一位妈妈领着四岁半的儿子去游玩，遇到一个土坑，儿子非要下去玩儿。当儿子玩儿得高兴时，妈妈躲到不远处的地方，不让儿子看见。儿子玩儿够了，要上来，开始喊妈妈。妈妈却一声不吭，装作没听见。儿子开始直呼其名，她还是不理。

于是，儿子连哭带骂："坏妈妈，大坏蛋！呜呜……"可无论怎样叫喊哭骂都不见妈妈露面，儿子只好自己想办法。

他发现土坑里有一个小阶梯，便手脚并用地爬出了土坑。当他发现妈妈就在不远处蹲着时，便惊喜地扑了上去，高兴地举着小拳头自豪地说："我是自己爬上来的！没有妈妈，我自己也能爬上来！"

孩子小的时候，对妈妈、长辈有所"依赖"是自然的，也是正常的表现。随着年龄的增长、自立能力的增强，做妈妈的就要锻炼他们的自理能力，渐渐帮助他们改掉什么事都依靠妈妈的坏习惯。帮助孩子改掉这种坏习惯，做妈妈的就应该从自身做起严格要求自己，不能什么事情都代替孩子做，因为孩子本身就是一个独立的个体。

父母一开始就应该明白，孩子迟早都要独立生活，在成长的道路上吃一些苦，绝对不是坏事。风吹日晒过的小树才能成长为参天大树，才能做栋梁之材，孩子有自己的抗挫力，遇事如果没有妈妈在旁边“指手画脚”，孩子一样拥有自己解决问题的方法，只有通过这样不断的锻炼，孩子才有机会在同龄人的竞争中脱颖而出，所以，要成就孩子辉煌的人生，就请妈妈放手让生活去磨炼孩子坚强的品质和心性吧。

在这个过程中很多妈妈担心孩子会不会认为“妈妈一定是不爱我了”，其实，让孩子独立做事情，并不会让孩子产生妈妈不爱自己的情绪。如果是他力所能及的事，孩子其实是愿意尝试的。如果他表现出为难的情绪，妈妈先不要代替他，而是多多鼓励他，让他尽快尝试第一件事情，那样孩子就能很顺利地开始另一件事情了。

挫折越多，成长越快

在心理学上，有一个概念叫“跨栏定律”，是由心理学家阿费烈德提出的，即一个孩子的成就大小往往取决于他所遇到的困难的程度。也就是竖在孩子面前的栏越高，孩子跳得也就越高。

按照“跨栏定律”，可以解释生活中的许多现象，譬如盲人的听觉、触觉、嗅觉都要比一般人灵敏；失去双臂的人的平衡感更强，双脚更灵巧，所有这一切，仿佛都是上帝安排好的，如果人们不缺少这些，仿佛就无法得到它们一样。按照这个定律，如果孩子所遭遇的挫折越多，那么他们成长得也就越快。

心理学家指出，挫折是指孩子为满足自己的某种需要，在追求达到特定目标的活动中，遇到了无法克服或自以为无法克服的障碍和干扰，使他们的需要不能获得满足时，所产生的紧张状态和消极的情绪反应。一般而言，容易受挫的孩子往往或多或少地表现出以下一些特点，如追求不切合实际的目标；对追求目标过程中可能遇到的困难缺乏心理准备；能力不足，遇到困难不知如何应付；缺乏自信，把困难夸大成不可逾越的障碍等。

其实，孩子经历的挫折越多，成长越快。美国著名职业教育专家霍兰德说：“在最黑的土地上生长着最娇艳的花朵，那些最伟岸挺拔的树木总能在最陡峭的岩石中扎根，昂首向天。”确实，苦难是每个孩子生命中的茧，冲破它即成美丽的蝶。

然而在我们的身边，孩子因为妈妈的几句指责就离家出走、因为同学之间的小小矛盾就郁郁寡欢、因为老师的批评就产生逆反心理，厌恶学习，类似的现象屡见不鲜。

反思我们的教育，似乎妈妈在急切地想给孩子们自己没有的东西，却忘记了给他们最基本的，也是最重要的挫折教育、生命教育。结果他们虽然学了很多知识，却经受不了丝毫的挫折。比如，现在的很多孩子会因为一次不成功的考试、一次面试的失败、一次老师的批评而做出极端的事情，这对一个家庭一位母亲来说是完全无法接受的结果。

心理学家告诉妈妈们，挫折如弹簧，你弱它就强。逆境充满荆棘，却也蕴藏着成才成功的机遇。只要孩子勇敢面对，就一定能从布满荆棘的路途中走出一条阳光大道。正如培根所说：“奇迹多是在厄运中出现的。”因为每个孩子的心底都有一座潜能的宝库，它无时无刻不在运动，一旦达到爆发的极限，它将划破黑暗，照亮一切，改变孩子的人生，促使它爆发的是一颗永不衰竭的进取心和对幸福生活的向往。想成为一名生活中的强者，孩子就要勇敢地向挫折宣战，像一名真正的水手那样投入到生命的浪潮中去。

鼓励孩子多坚持一秒钟

告诉孩子：你是自己最大的敌人

很多妈妈都知道美国电影《阿甘正传》表现的是一个被常人称之为低能的人成功的故事。阿甘之所以能够成功，某种意义上讲，是由于他并不知道自己的智商和常人不一样。这使我们联想到动物界的故事。

有一种动物叫大黄蜂，它的身体肥大笨重，翅膀却十分短小。生物学家根据空气动力学原理，并经过仔细计算，最后断言，大黄蜂是绝对不可能会飞的。但令人不解的是，大黄蜂不仅能飞，而且飞行速度远远超过一般的蜜蜂。这是为什么？因为大黄蜂并不知道自己不会飞。

从某种意义上来说，挑战自我极限，意味着孩子要勇于超越，敢于打破自己体能和意志上的局限，就像奥运精神所倡导的那样，努力向“更快、更高、更强”的目标迈进。敢于挑战自我极限是推动人类文明发展的重要动力，但要付诸实践而并不是异想天开，无数事实证明，孩子的潜能是超乎自己的想象的。

拿破仑·希尔说过这么一句话，“一个人成长中唯一的限制就是自己心中的那个限制”。妈妈想要孩子成就一番事业，就应当教会他们勇于打破自己内心的局限，勇于挑战，这样才能做最强的自己。

大象能用鼻子轻松地将一吨重的行李抬起来，但我们在看马戏表演时却发现，这么巨大的动物，却安静地被拴在一个小木桩上。

因为它们自幼小无力时开始，就被沉重的铁链拴在无法乱动的铁桩上，当时不管它用多大的力气去拉，这铁桩对幼象而言，都是沉重的东西，动也动不了。不久，幼象长大，力气也增加，但只要身边有桩，它总是不敢妄动。

心理学家指出，这就是自我设限的结果。成长后的大象，可以轻易将铁链拉断，但因幼时的经验一直存留至长大，它习惯地认为铁链“绝对拉不断”，所以不再去拉扯。

有时候孩子失败，往往是因为输给了他们自己。世界上最难攻破的不是那些坚固的城堡，而是孩子自己为自己编织的“心理牢笼”。因此，孩子要想走上成功的道路，摆脱不顺的现状，必须勇敢地冲出这个牢笼。

有句话这样说：“自己把自己说服了，是一种理智的胜利；自己被自己感动了，是一种心灵的升华；自己把自己征服了，是一种人生的成熟。大凡说服了、感动了、征服了自己的孩子都可以凭借潜能的力量征服一切挫折、痛苦和不幸。”其实，心理学家们指出，许多孩子的悲哀不在于他们的运气不好，而在于他们总爱给自己设定许多条条框框，这种条框限制了他们想象的空间和奋进的勇气，模糊了他们前行的航向和人生的追求。他们看似一天到晚忙个不停，实际上自己已经套上了可怕的枷锁，注定碌碌无为。可见，敢于打破自我设定的障碍，冲出自己编织的“心理牢笼”，多一点儿超越，多一点儿豁达，生活就会不一样。

让孩子尝到坚持的果实

世界首富比尔·盖茨认为，巨大的成功靠的不是力量而是韧性。如今社会的竞争常常是持久力的竞争，有恒心有毅力的人往往能够成为笑到最后，笑得最好的人，对于孩子来讲，恒心和毅力是成功的必要条件，半途而废、浅尝辄止，那么梦想永远只能是梦想。

心理学家们指出，孩子无论做什么，轻易放弃是不会取得成功的。有时候，孩子多坚持一会儿就会有奇迹出现，多坚持一会儿就能够反败为胜。当事情愈来愈困难时，当失败排山倒海般地压过来时，大多数孩子会放手离开，只有意志坚强的孩子才能够坚持到底，不轻易言败，而最后的胜利，也往往属于这些意志坚强的孩子。据心理学家研究，孩子最开始能够坚持去做一件事，是因为他们尝到了坚持的果实。

生物课上，老师在黑板上出了一道题：“草履虫有眼睛吗？”对于孩子们来说，这比证明三角形全等有趣多了，于是他们开始热烈地讨论起来。

大部分同学认为，既然叫“虫”，当然有眼睛喽，不然它怎么看东西呢。但是韦冰却不这么认为，他隐隐约约地记得以前上初中的表哥对自己说过，草履虫是种单细胞动物，没有眼睛，只有鞭毛。于是韦冰告诉周围的同学：“草履虫是没有眼睛的。”

听韦冰这么说，大家纷纷质疑起来：“你怎么那么确定呢？你的依据是什么？”同桌马小涛甚至说：“你敢坚持你的看法吗？如果你赢了，今天的值日我就一个人全包了！”

听大家这么一说，韦冰的心开始打起鼓来：“万一我错了多丢脸啊，而且那么多同学都说没有，我应该是记错了吧，可是……”韦冰又想“我隐隐约约记得好像自己的答案没有错啊，要不要坚持下去呢”？

经过激烈的思想斗争，韦冰还是决定坚持自己的答案，结果等老师公布答案的时候，韦冰果然是正确的，知道这个结果的那一刻，同学们都不约而同地鼓起掌来，掌声是对韦冰坚持答案最大的鼓励。经过今天的事情，韦冰一下子对自己充满了信心，心里甜滋滋的。

心理学家们告诉妈妈，一个孩子的恒心和内心的梦想结合以后，就会产生百折不挠的巨大力量。很多孩子的失败并不是因为自己能力不济，而是败在自己意志力不强，很多情况下，成功与失败只是一步之遥。据心理学家研究，孩子不敢坚持自己的看法是因为有的孩子属于“温和派”，很少大胆地对别人说“不行”，妈妈说什么他们就听什么，有什么反对意见在妈妈的强行压制下也就烟消云散了，慢慢地就养成了不敢大胆表达自己意见和想法的习惯，总认为别人说的可能是对的，即使自己的意见正确，也不敢理直气壮地坚持。

还有的孩子害怕遭到父母的责骂。如果孩子说出自己的看法后，父母认为孩子的看法相当幼稚并且没有逻辑性，往往会指责孩子“反应迟钝”“笨”，于是孩子下次遇到这样的问题，就会为了免于责骂而改变自己的看法。那父母应该怎样教导孩子呢？心理学家给出了以下几种方法：

一般欧美国家的父母的做法是：鼓励孩子发表自己的意见，提出自己的要求，当孩子的意见和要求不妥当时，立即加以纠正，并说明父母不能满足孩子要求的原因。例如，孩子认为自己晚上可以玩儿一会儿电脑，这样有利于调节紧张的学习，如果父母反对，就一定要能说出反对的理由：“你是一个自制力不强的孩子，这样会影响你的睡眠，所以我们不同意。”妈妈还可以给孩子参加家庭会议的机会。比如，全家人一起商量是否要买新房，认真参考孩子的意见，把孩子当作一个平等的个体来对待，是对孩子敢于坚持的最大鼓励。

让孩子把一件事情坚持做下去

心理学家指出，坚持到底，是执着的必备要素，也是孩子成功的重要条件。如果失去了这些条件，即使孩子成人后才识渊博，技能熟练，也无法成功。

卡勒先生曾经说：“许多青年人的失败，都应归咎于他们没有恒心。”的确如此，妈妈们深有体会，大多数青年人虽然都颇有才情，也都具备干一番大事业的能力，但他们缺少恒心、缺少耐力，只能做一些平庸安稳的工作，一旦遭遇些微的困难、阻力，就立刻退缩，裹足不前。可见，不屈不挠、百折不回的精神，是获得胜利的基础。

但孩子长大后，一旦拥有坚持执着，永不言弃的品质，不论在任何地方，都不难找到一个适当的职位。换种思维考虑，困难其实就意味着机会，解决问题，孩子就能够实现成功。如果妈妈能够引导孩子看清困难背后的现实意义，抱着执着的心态去面对每一项任务，一步一步地坚持努力，那孩子终将克服这些困难，远大的目标也会在这一步一步的努力中最终得以实现。心理学家认为，孩子在克服困难的过程中形成的坚强意志、大无畏的勇气、坚定的信心以及汲取到的宝贵经验和教训，这些都会为他们日后取得更大的成功创造有利条件。所以从现在起，妈妈就可以着手培养孩子，从让他们把某一件事情坚持做下去开始。

以前，妈妈总是把女儿媛媛当成小公主般宠爱着，吃的放在嘴边，穿的放在手边，要星星不给月亮。可是妈妈突然发现，女儿媛媛一到假期就睡懒觉，起床后就窝在家里玩儿电脑。

妈妈生气时责怪女儿媛媛，媛媛就回一句："时间是我自己的，我想睡懒觉就睡！"

哎，其实女儿这样，自己这个做妈妈的责任占大部分，于是妈妈决定：这个寒假，让女儿媛媛晨跑，而且要坚持下去！

媛媛平时很少锻炼，身体有点儿弱，动不动就感冒发烧。这个寒假，妈妈决定每天早晨陪女儿围着小区慢跑20分钟，相信坚持一个多月，不仅能增强她的体质，也能磨炼她的意志。

寒假一开始，妈妈就对女儿媛媛说出了自己的想法，没想到媛媛小嘴一噘，老大不愿意："妈妈，早起太冷了吧！"

继而，媛媛开始耍赖："小孩子睡眠不足会影响智力的，妈妈，你也不希望养个笨女儿吧……"

妈妈晓之以理、动之以情道："妈妈让你暂时坚持一下，是为你今后做打算啊，要是你能够坚持下去的话，身体也棒了，妈妈该多欣慰啊！你说是不是？"

媛媛听完只好点点头："那好吧，我试试。"

于是，妈妈陪女儿跑了一个寒假，媛媛也很好地坚持了下来！

心理学家指出，成功者的特征是：绝不因受到任何阻挠而颓丧，只知道盯住目标，勇往直前。世上绝没有一个做事半途而废的孩子能够成功。获得成功的前提就是坚持。人们最相信的就是意志坚定的孩子，当然意志坚定的孩子有时也许会碰到困苦、挫折，但他绝不会一蹶不振。

只要能够坚持到底，一个平凡的孩子也会有成功的一天，否则即使是一个才识卓越的人，也只能遭遇失败的命运。正是因为有了坚持到底的品质，人类才消除了各种障碍，建立起人类居住的共同体；因为有了坚持到底的品质，人们才登上了气候恶劣、云雾缭绕的山峰，才在宽阔无边的海洋上开辟了通道。坚持到底的品质让天才在大理石上刻下了精美的创作，在画布上留下了大自然恢宏的缩影；坚持到底创造了纺锤，发明了飞梭；坚持到底使汽车变成了人类胯下的战马，装载着货物翻山越岭，天南地北往来穿梭；坚持到底把对大自然的研究分成了许多学科，探索自然的法则，预言其景象的变化，丈量没有开垦的土地；坚持到底还让白帆撒满了海上，使海洋向无数民族开放，每一片水域都有了水手的身影，每一座荒岛都有了探险者的足迹。

鼓励孩子把一件事情坚持做下去，这是培养孩子恒心的最好方法，是成功的必经之路，唯有坚持，才能有丰收的果实。

坚持不一定到底，别让孩子做无谓的坚持

心理学家告诉妈妈们，执着是一种很好的品质，但有的时候并不一定是好事。无论是做人，还是做事，都要教孩子学会实事求是。因为只有具体问题具体分析，在特定的情况下选择是否坚守执着，才会找到方法，才会获得一条捷径。

俗话说："变则通，通则久！"在生活中，孩子应该向妈妈学着变通，不能死钻牛角尖，此路不通就换条路，千万不能一条路走到黑，生活不是一成不变的，人也应该求新求变。记载商鞅思想言论的《商君书》中有一段大概是这样说的，聪明的人创造法度，而愚昧的人受法度的制裁，贤人改革礼制，而庸人受礼制的约束。圣人创造"规矩"，开创未来，常人遵从"规矩"，重复历史。为什么孔子是圣人，而他的三千弟子不都是？道理就在于思想是否灵活，是否善于变通，敢于自主地、实事求是地思考分析问题。

某个国家的火箭研制成功后，科学家选定一个海岛做发射的基地。经过长久的准备，进入可以实际发射的阶段时，海岛的居民却群起反对火箭在此发射。于是全体技术人员总动员，反复地与岛上居民谈判、沟通，以寻求他们的理解。可是，交涉却一直陷入泥淖状态，最后终于说了服岛上的居民，可是前后却花费了3年的时间。

后来大家重新检讨这件事情时，发现火箭的发射并不是非这个海岛不行。可是此前，却从来没有人想到这个问题。当时只要把火

箭运到别的地方，那么，3年前就已发射完成了。但当时太执着于如何说服岛民的问题上，所以才连“换个地方”这么简单的方法都没有想到。

心理学家说，种子落在土里长成树苗后最好不要轻易移动，一动就很难成活。而孩子就不同了，孩子有脑子，遇到了问题可以灵活地处理，用这个方法不成就换一个方法，总有一个方法是对的。所以妈妈教孩子做人做事要学会灵活应变，不能太死板，要具体问题具体分析，但方向不对的时候，千万不要做无谓的坚持。心理学家说，这就好比孩子前面已经是悬崖了，难道还要跳下去吗？执着很重要，但盲目的执着是不可取的。千万别让执着成为送给孩子的一个虚假安慰，这样，他们的灵魂才不会被它所套牢。

有一位渴望成为作家的农民，十年如一日地努力着，他坚持每天写作500字，一篇文章完成后，他改了又改，然后满怀希望地寄给远方的杂志社。

可是，多年努力，他却没有只字片言变成铅字，甚至连一封退稿信也没有收到过。29岁那年，他总算收到了第一封退稿信。那是一位他多年来一直坚持投稿的刊物的总编寄来的，总编写道：“……看得出，你是一个很努力的青年。但我不得不遗憾地告诉你，你的知识面过于狭窄，生活经历也显得相对苍白，不适合走写作这条路，不过我从你多年的来稿中发现，你的钢笔字越来越出色……”后来他成为当地有名的书法家。记者们去采访他，提得最多的问题是：“您认为一个人走向成功，最重要的条件是什么？”

他说：“一个人能否成功，理想很重要，勇气很重要，毅力很重要。但更重要的是，人生路上要懂得舍弃，更要懂得转弯！”

从小到大，孩子常听到“坚持到底就是胜利”的训诫，所以无论遭遇何种困厄，都甘愿一次次地冲锋，直至头破血流。殊不知，孩子在坚持的同时，也应及时审视自己的方向，适时调整，不要做没有意义的坚持。

有的妈妈也许会说，我的孩子是强者，他可以克服一切困难，不需要绕道而行，绕道而行是弱者的表现，心理学家指出，这是一种大错特错的认识。即使孩子能克服眼前的困难，如果克服困难所花费的时间、财力和人力远远超过绕道而行，孩子为什么不选择后者呢？绕道而行的一个重要特点是避强突弱，即避开强大的障碍，从薄弱的地方突破过去，一分耕耘三分收获，何乐而不为呢？大多数情况下，正确的方法比坚持的态度更有效、更重要。坚持固然是一种良好的品性，但在有些事上过度的坚持，反而会导致更大的浪费。所以，要想孩子真正达到人生目标，在人生道路上前进时，妈妈就要引导孩子懂得调整方向和目标。

第六章 《《《《《

“巧打板子妙给糖”，好妈妈要善用赏识和批评

孩子喜欢被人夸

赏识——激发潜能的武器

每个孩子在内心中都希望得到别人的赏识和肯定，教育家陶行知先生早在半个多世纪之前就深刻地指出过：教育孩子的全部秘密就在于相信孩子和解放孩子。而想要相信孩子，解放孩子，首先就要做到赏识孩子，没有赏识也就没有教育。

> 哈佛大学的心理学家们曾经做过这样一个实验：
>
> 有两组男孩，先让他们一起长跑消耗体能，接下来，对第一组男孩给予严厉的批评，对第二组男孩给予热烈的称赞。接下来研究人员对这两组男孩进行体能检测，结果发现被批评的男孩无精打采，体能处于崩溃状态；而被表扬的那组孩子精力十分旺盛，体能恢复得十分迅速，而且充满自信。

因此，心理学家得出这样一个结论：父母在教育孩子的时候应该给予适当的赏识，学会赞美孩子，这对孩子的心理发展十分有利。让孩子感受到父母对他们的关注和认可，这样既可以快速地抚平孩子身体上的不适，同时也可以促进孩子的身心朝着健康的方向发展。

所以，适当的赏识和鼓励是十分必要的，而家长们也要注意不要对孩子赏识过了头，因为一个孩子如果受到的赞美太多，心理就会出现不同程度的膨胀，而且会找不准自己的定位。这样的孩子将来走向社会，心理也会十分脆弱，经不起生活中的挫折。

捷克教育家夸美纽斯被尊称为教育史上的哥白尼，他曾经说："应当像尊敬上帝一样尊敬自己的孩子。"人性当中最本质的需求就是渴望得到别人的赏识，没有一个小生命是为了挨骂而活着的。作为家长，不要轻易对孩子说出泄气的话，因为孩子成长的道路犹如赛场，他们渴望父母发现自己身上的闪光点，为自己呐喊加油。

周弘是我国著名的教育实践家，他的女儿周婷婷原本是一个双耳全聋的残疾人，但是周弘却用了将近20年的时间，不断地鼓励女儿，让婷婷对自己产生信心，认识到自己并不差。在周弘的赏识教育下，天赋不是很好的婷婷反而比其他的孩子优秀了很多，最终成为留美博士。周弘亲身实践出了这一套赏识教育法，不仅让自己的孩子受益，还改变了更多家庭的命运。

周弘认为，赏识教育的奥秘在于让孩子觉醒。他认为，每一个孩子都拥有巨大的潜能，但是孩子在诞生的时候都很弱小，在他们成长的过程中难免会有自卑情绪，这时候就需要父母的赏识教育了。

德国著名的心理学家阿德勒也曾透露过在他上学的时候，由于缺乏数学才能，对数学毫无兴趣，所以每每考试都不及格。但是后来偶然间发生了一件事情，让他的潜能被开发出来了。他有一次在无意当中解开了一道连老师也不会做的数学难题，这次成功改变了他对数学的态度，他觉得自己实在是一个天才。在老师和家长的赏识中，他重新树立了自信，从此以后他的数学成绩突飞猛进，并成为数学尖子生。因此，赏识教育的奥秘就在于让孩子觉醒，自觉地发现自己的潜能。

孩子相对于大人来说，知识少，经验少，缺乏思考能力，所以是一个非常容易接受暗示的群体。父母可以对孩子进行暗示教育，或许会收到更好的效果。

比如，有的父母想要改变孩子偏食的习惯，一味地劝说他多吃蔬菜，他可能会很不情愿甚至是干脆拒绝。但是父母如果故意装出吃得津津有味的样子，孩子就会产生“这种菜很好吃”的猜想，从而对吃蔬菜产生兴趣。

除此之外，父母说话时的声音、手势、表情等也可以形成暗示。比如父母说的同样一句话“你干得好”，但是如果声调、语气和面部表情各有不同，就可能会给孩子带来不同的感受，同样的一句话，他们可以理解成为称赞、表扬、嘲弄或者是批评。

父母也可以创设出一些特殊的情景，来对孩子进行心理暗示，创设情景暗示的教育方法有很多，比如说针对孩子的某些缺点或者是错误，父母可以选择适当的电影、电视剧，和孩子一起边看边讨论，或者给孩子讲一些有针对性的故事，对孩子进行心理暗示。

真心期望孩子变好，孩子就会更好

无论是谁，都既有优点也有缺点，既有长处也有短处。但是有的孩子心理承受能力比较差，别人说不得碰不得，听了别人的批评自己就受不了了，甚至还会因为一两句话就轻言放弃。这样心理脆弱，一方面是从小被父母娇宠惯了，不能够清楚地认识到自己，另一方面则是过于自卑，不相信自己。

而家庭是教育孩子正确看待他人的启蒙教育，父母双方先要能够客观地评价对方，比如爸爸评价妈妈“是个热心人，但是比较粗心”，妈妈评价爸爸“很稳重有责任心，但是过于挑剔”。孩子生长在这样的环境当中，从小就会有这样的概念：尺有所短，寸有所长。如果父母在家庭当中总是说对方坏话，那么培养出来的孩子就会是个心胸狭隘、爱搬弄是非的人。所以父母在家庭当中的言行，都会在潜移默化中影响孩子。当父母给予孩子评价时，如果能够在符合客观实际的基础之上再多一些肯定，那么孩子一定会朝着父母鼓励的方向发展，这一点是毋庸置疑的。

这个道理，在心理学上有一个专门的名词叫作“配套效应”。18世纪有一个法国哲学家名叫丹尼斯·狄德罗。有一天，朋友送他一件考究的睡袍，当他穿着华贵的睡袍在书房行走时，觉得周围环境很不协调：家具破旧不堪，地毯粗糙不干净。于是为了与睡袍配套，他把旧的东西先后更新，书房终于跟上了睡袍的档次。后来他发现“自己居然被一件睡袍胁迫了”。

200年后，美国哈佛大学经济学家朱丽叶·施罗尔提出了一个新概念——“狄德罗效应”，也叫“配套效应”，即人们在拥有了一件新的物品后，总倾向于不断配置与其相适应的物品，以达到心理上的平衡。

任何人对事物的看法都不是一成不变的，而是随着自己的身份做出改变，当身份有所改变的时候，这个人看待事物的态度和立场也就自然而然地发生改变了，人们会在这个过程中获得心理上的平衡。假如一个人的身份变了，但是态度和行为不能及时配合的话，那么这个人就会感到一种强大的心理压力，在这种压力下，不得不调整自己的心理，直到态度行为与身份之间的不协调彻底消失为止。

洋洋原本是一个调皮捣蛋、不遵守班级纪律的后进生。一天，他与班上品行、学习较好的优秀生谢雨轩发生了争吵。

这件事被教师发现后，按照自己以前的“经验”，洋洋认为自己必先挨批，必先受老师呵斥，老师必“袒护”谢雨轩，但是教师却一反其常规，采取“冷处理”，经过询问，搞清原委，分清是非，公正处理。结果洋洋大为感动，一反常态，主动向老师道歉认错；教师则因势利导，告诉洋洋：“其实你有很多优点，比如见义勇为、热爱劳动、具有很强的组织能力，像上次由你发起的篮球比赛，得到了同学们的一致好评。这些老师都是看在眼里的，老师想让你来当咱们班的纪律委员呢！你回去想一想，看采用什么方法能把班级的纪律管理得更好，想出一个方案给我，好吗？”

洋洋回到班级后，一改原来的恶习，不仅遵守纪律、关心同学，把班级管理得很好，而且课堂上也变得很活跃，主动举手回答问题，不会的问题主动提问，结果成绩很快提高了。

这个案例中的调皮小孩儿，在当上了纪律委员之后，这种“身份”上的转变迫使他对自己的行为和态度进行调整，尽量地改变自己以适应新的身份。所以，有的时候给孩子一些肯定，给孩子适当戴一顶“高帽子”，会促进他向着更好的方向发展，真心期望孩子变好，他就能够变好。

父母要想改变自己的孩子，不妨也给孩子几套有价值的“睡袍”，让孩子能够在潜移默化中朝着与“睡袍”配套的方向发展。相信孩子会在这样一个过程中，努力调整自己的态度、行为与身份之间的差别，努力达到“配套合一”的效果。需要注意的是，不要让孩子感觉到你的目的是改变他的不良行为，而是要让他觉得你是出于真正的信任。

妈妈的谎言也能成“真”

美国著名的心理学家罗森塔尔曾经提出过“皮格马利翁效应”，也可以通俗地解释成“暗示效应”。罗森塔尔经过研究发现，人的情感和观念，总是在不同程度上受到别人下意识的影响，任何人都会不自觉地接受自己喜欢、信任的人的影响和暗示。

在学校里，每个班级中都会有一些所谓的“差生”，“皮格马利翁效应”的理论对这些差生有特殊的意义，按照这个效应的理论，多对这些所谓的差生鼓励和肯定，也许会收到意想不到的效果。

儿子上幼儿园了，她第一次参加家长会。会后，老师跟她说：“我们怀疑你的儿子有多动症，在板凳上连3分钟都坐不住，你最好带他去医院检查一下。”

回家的路上，她一直在思忖该怎样对孩子说。吃晚饭时，儿子问她：“妈妈，老师表扬我了吗？”她说：“老师表扬你了，说宝宝原来在板凳上坐不了1分钟，现在能坐3分钟了。全班只有宝宝进步了。”那天晚上，儿子竟然吃了两碗米饭，并且没让她喂。

儿子上小学了，又一次开家长会，老师对她说：“全班50名同学，这次考试，你儿子排第48名。我们怀疑他有学习障碍，你最好带他去医院查一查。”

回家的路上，她哭了。然而，当她回到家里，却对正在做作业的儿子说：“老师对你充满信心，他说你很聪明，只要能细心些，就会超过你的同桌。”第二天上学时，儿子去得比平时早。

孩子上初中了，又一次家长会上，她等着老师点儿子的名字。然而，这次老师告诉她：“按你儿子现在的成绩，考重点高中有点危险。”

她怀着惊喜的心情走出校门，此时，她发现儿子在校门口等她，路上她扶着儿子的肩膀，心里有一种说不出的甜蜜，她告诉儿子：“你的老师对你非常满意，他说了，只要你努力，很有希望考上重点高中。”

高考过后，儿子被清华大学录取了。儿子从学校回来，把一封印有“清华大学招生办公室”字样的特快专递交到她的手里，突然边哭边说：“妈妈，我知道我不是个聪明的孩子，可是，这个世界上只有您能欣赏我……尽管我后来知道那是骗我的话……”

这个案例正好印证了心理学上的皮格马利翁效应，热切的期望很有可能使被期望者达到期望者的要求。所谓的热切的期望，指的就是正确积极的期望暗示，妈妈对孩子的积极期待能够使孩子的状态随之发生变化，由消极转变为积极，由自卑转变为乐观自信，从而向着好的方向发展。大发明家爱迪生小的时候，只上学3个月就被学校开除了，老师认为他实在是太笨了，但是爱迪生的妈妈坚信自己的孩子并不笨，她对爱迪生说："你肯定比别人聪明，我从来不认为你是笨孩子。"在妈妈的鼓励之下，辍学的爱迪生并没有停止学习，依然对于知识孜孜不倦地索求，最终成为大发明家。

在现实生活当中，也时常可以看到期望成真的奇迹，那么，这种神奇的事情是如何发生的呢？心理学家通过研究认为，这就是通过双方的暗示作用实现的。暗示是指用一种间接的方法对人的心理和行为产生影响，从而使人们能够按照一定的方式来行动，或者是接受一定的思想。暗示的结果会使一个人发生改变，甚至是发生巨大的改变。大人们的期望，也就是一种暗示，会对孩子的成长产生巨大的影响，父母或者老师会以积极的态度来期望孩子，孩子也可以朝着积极的方向来改进。很多闻名于世的伟人，就是在家长的积极期望中成就人生的。

世界三大男高音歌唱家之一的帕瓦罗蒂就是在家人的期望中取得成功的，当帕瓦罗蒂还是个孩子的时候，祖母就会常常将他抱在膝盖上，对他说："你将会成为一个了不起的人物，我认为你有着高超的音乐天赋。"在家人的支持和期望之中，帕瓦罗蒂走上了舞台，并实现了祖母的期望。成名之后的帕瓦罗蒂说："如果当年不是祖母和父亲积极地鼓励我，估计我永远都不会站在舞台上了。我的老师含辛茹苦地训练我，但是并没有一位老师说我会成名，只有我的祖母和父亲，他们的话鼓励了我。"

当人们经常听到期望的语言时，就会变得非常自信，这个时候的心理、生理都会调整成为最积极、最活跃的状态。每个家长都要对孩子有一个好的期望，而且能够透过这些言谈举止来让孩子感觉到父母对孩子的期望，多对孩子说“这次有进步，下次继续努力”之类鼓励的话，这些积极的外部信息能够让孩子看到自己的进步，肯定自己，并激发出蕴藏于自身的巨大潜能。

罗森塔尔效应：给孩子积极的心理暗示

罗杰·罗尔斯出生在纽约一个叫作大沙头的贫民窟，在这里出生的孩子长大后很少有人能获得较体面的职业。罗尔斯小时候，正值美国嬉皮士流行的时代，他跟当地其他孩子一样，顽皮、逃课、打架、斗殴，无所事事，令人头疼。幸运的是，罗尔斯所在的小学来了位叫皮尔·保罗的校长，有一次，当罗尔斯正调皮的时候，出乎意料地听到校长对他说，我一看就知道，你将来能成为纽约州的州长。校长的话对他的震动特别大。从此，罗尔斯记下了这句话，“纽约州州长”就像一面旗帜，带给他信念，指引他成长。他衣服上不再沾满泥土，说话时不再夹杂污言秽语，开始挺直腰杆走路，很快他成了班里的主席。40 多年间，他没有一天不按州长的身份要求自己，终于在 51 岁那年，他真的成了纽约州州长，且是纽约历史上第一位黑人州长。

大人的一句夸奖，有时往往是不经意的一句赞许，都会被孩子放在心上，对他们的学习、行为乃至成长产生巨大的影响。

1968 年的一天，美国著名的心理学家罗森塔尔和雅各布来到了一所小学，说是要对孩子们进行一个实验，他们从一年级至六年级中各抽出三个班，对这些学生们进行了一次煞有介事的“未来趋势发展报告”。测验结束之后，他们给每个班级的教师发了一份学生名单，称根据他们的研究成果，名单上列出的学生是班上最优秀的学生。出乎很多教师的意料，名单中的孩子有些确实很优秀，但也有些平时表现平平，甚至水平较差。而后，罗森塔尔又反复叮嘱教师不要把名单外传，只准教师自己知道，声称不这样做的话就会影响实验结果的可靠性。8 个月后，罗森塔尔和雅各布又来到这所学校，并对这 18 个班的学生进行了复试，奇迹出现了：他们提供的名单上的学生的成绩都有了显著进步，而且情感、性格更为开朗，求知欲望强，敢于发表意见，与教师关系也特别融洽，而且更乐于与别人打交道。

为什么会出现这样的现象呢？罗森塔尔是当时著名的心理学家，在大家心目当中具有很高的权威，大家对他的话都深信不疑。虽然老师们答应对这份名单保密，但是他们还会在日常上课时忍不住对名单上的学生更多一些的关注，通过眼神、音调等途径来向孩子们传达“你很优秀”的信息。这些学生在老师们的影响下，逐渐对自己树立了信心，最终也成为优秀的学生。这种变化就被称作“罗森塔尔效应”，也被称为“期望效应”，期望是人类一种普遍的心理现象，所以在教育的过程当中，“期望效应”常常可以发挥出强大而神奇的威力。

也有人用很通俗的讲法来讲罗森塔尔效应：“说你行，你就行；说你不行，你就不行。”所以，作为家长，如果想让孩子发展得更好，就应该努力为孩子传递出一种积极的期望，促使他们向更好的方向发展，消极的期望则使人向更坏的方向发展。

有人曾经对犯罪儿童做过专门的研究，经过研究发现，很多孩子成为少年犯的主要原因，就在于他们从小被贴上了“不良少年”的标签，这种消极的期望引导着孩子，使他们越来越相信自己是不良少年，并且在潜移默化中朝这样的方向发展，最终走向了犯罪的深渊。由此可见，在孩子们的眼中，积极的心理期待对孩子的自我肯定和未来的成长是多么重要。

每个孩子都有可能成为天才，但是这种成为天才的可能性，取决于父母和老师能不能像对待天才那样去爱护、期望、珍惜这个孩子，孩子的成长方向取决于父母和老师的期望，简单地说，你对孩子的期望是什么样的，他就会成长为一个什么样的人。

马斯洛说过，每个人都有满足自我的需求，然而得到正确积极的心理暗示就是满足自我最好的途径。一个没有任何经历的小孩子，他的心理本来就是不健全的，所以需要父母的鼓励和赞扬。所以，父母想培养一个聪明、听话、乐观健康的好孩子，就不要吝啬自己的赞美吧。

赞美做到位，孩子更受用

赞美孩子，从一言一行开始

情商是近些年来心理学家们提出的智力与智商相对应的概念，它主要指的就是人在情绪、情感、意志等方面的品质。一个情商高的人能够很客观很全面地认识自我，并且能够成为自己的主宰。认识自我，也就是通常所说的“自知”。自知的人就能够很正确地认识自己，并且能够客观地评价自己，不会被别人的评价所左右。

心理学家们研究表明，6 岁以前的儿童正处于构建自我的重要阶段，这个阶段的儿童，需要通过外界对他的评价来认知自己。所以这些孩子对外界的评价很敏感，如果他从小收到的信息是客观中肯、包容接纳的，那么这个孩子就能够很正确地认识和评价自己。

对孩子不能不夸，也不能盲目地夸，家长鼓励孩子的目的就在于要让孩子正确地认识自己，接纳自己。孩子的自信是建立在成就感的基础之上，而不是建立在空洞的表扬之上。所以家长不需要过度地表扬孩子，否则会让孩子依赖于表扬，产生自大或者自卑的心理情绪。

表扬不仅要适度，更要合情合理。

有一位教育专家曾经讲过这样一个案例：

> 有一个8岁孩子的妈妈问：“孩子每做一件事情都要得到我的表扬，如果我没有表扬他，他就会大发雷霆。这是为什么呀？”
>
> 我问她：“是不是表扬太多的缘故？”她说：“是的，以前我批评得多，后来我发现这样不好，为了让他建立自信，给他的表扬就比较多了。现在他时刻关注我的情绪，如果我高兴，他就开心；如果我的情绪不太好，他就会暴躁。”
>
> 我跟这位妈妈说：“这说明孩子不能正确地认识和评价自己，他的情绪都建立在你的情绪基础上。他的内心不自信，所以他需要获得别人的表扬来证实自己。你以前批评多，后来表扬多，两者都不对，走了两个极端。”
>
> 那位妈妈问：“那我该怎么办呢？”我说：“你要减少对孩子的评价，更不要对孩子进行主观的评价。外界的评价尤其是不客观的评价过多，孩子将会失去自我评价的能力。你的孩子正在逐渐失去自我评价的能力，所以他必须要你表扬他，才能证实自己。”

那是不是就不能夸孩子了呢？当然也不是，夸孩子是给孩子积极的回应，孩子需要父母的认可、肯定和鼓励，并且通过父母给他的积极回应来认识自己，这个“积极回应”要怎么去回应呢？怎样夸奖孩子的效果才是最好的呢？

首先，不能将“夸奖”当成孩子前进的动力。这就要求家长观察孩子做事情的动力，是为了获得夸奖，还是发自内心去做的呢？另外，夸奖孩子一定要在事后，而不要在事前，很多家长都喜欢用夸奖的方式去引诱孩子做某些他不愿意做的事情，比如说孩子不太愿意画画，妈妈说：“妈妈觉得你的画画得很好，来给妈妈画一张吧。”父母这样的方式影响了孩子的精神自由，孩子能够感觉到，成人试图在左右他。

而孩子事前需要的是鼓励，而不是夸奖。明明刚开始学习轮滑的时候，掌握不了平衡，摔倒过很多次，有一次他气坏了，哭着说：“我不要这双轮滑鞋了，我怎么老是摔倒呢？”妈妈很平和地对他说：“学习轮滑是一件比较困难的事情，很难掌握平衡。但是我相信，如果你练习了很多次之后，总有一天是可以学会的。”在妈妈的鼓励之下，明明不断地跌倒，然后又不断地爬起来，不到一个星期就学会了。

其次，要让孩子感受到，无论是夸奖还是赞美，是真心的赞赏而不是虚假的敷衍，这一点很重要。夸奖，应该是真实的，客观的，既不能夸大也不能缩小。比如，明明在学轮滑的时候摔倒了，如果家长还鼓励他说“你滑得挺好的”，这样名不副实的夸奖只会让孩子觉得大人的话是虚假的，不值得信赖的。

最后，夸奖必须是具体的，要用平实的语言来描述孩子做得好的事情，不要用“你真棒”这样泛泛的语言来夸奖孩子。

当孩子能够独立地做好一件事情之后，他的成就感足以让他获得最大的满足，他的内心充满着喜悦与自信，这是对他最大的肯定与表扬。

发自内心的表扬才是有效的激励

每一个孩子都需要父母的肯定与鼓励，这一点毋庸置疑，但是如果仅仅是空洞地表扬，或者是不着边际地吹捧，并不能培养孩子真正的自信。父母要抓住孩子的长处，并且加以肯定和表扬，才能够将真正的自信植入孩子心灵的深处。

彤彤是一个浓眉大眼的小孩儿，既聪明又可爱，家里的人都很喜欢他。彤彤在家里早就听惯了各种各样好听的话，所以不免有些骄傲，但同时他对所有的赞赏都表现得不屑一顾，他觉得获得赞赏是理所当然的一件事情。可想而知，后来彤彤成长为一个很刁蛮的小孩儿，别人根本说不得，什么话都听不进去。

美国心理学家里维斯博士认为，赞扬应当在孩子完成某一个值得肯定和鼓励的行为时进行，而且要恰如其分。对孩子空洞或不恰当的赞美，不仅无益，还会引起相反的效果。里维斯发现，许多妈妈常常用“你是个好孩子”之类的话来称赞孩子。这种总体的、笼统的赞美，起不了引导孩子正确自我评估的作用，因为他们无法知道自己好在哪里。妈妈应当对孩子具体的行为进行及时具体的表扬，如孩子洗了手绢，可以夸赞他洗得真干净；孩子收拾了玩具，可以表扬他收拾得真整齐。只要孩子有进步就要鼓励，有好的表现就要加强鼓励。如果妈妈留心，总会找出具体理由来称赞与表扬孩子。

同时，家长对孩子具体行为的夸奖也要适度，廉价的赞美一定会贬值，这样的赞美在孩子心中不会起任何作用，或者使孩子形成不切合实际的自我估价而盲目自满，总之，是会危害他们成长的。

表扬是一门艺术，过多地表扬一定会影响孩子的行为动机，还会促使孩子为了得到表扬而采取行动。所以，聪明的家长一定要学会表扬孩子的方法，没有价值的赞美最好杜绝。

那么要如何表扬孩子，才会成为有效的激励呢？

首先，要让孩子知道父母表扬他的理由，也就是说，父母表扬得越具体，孩子就越明白哪些行为是好行为，也就越容易找准努力的方向。如果父母总是用一些泛泛的语言来表扬孩子的话，这样虽然从表面上看是提高孩子的自信心了，但是孩子会不明白自己究竟好在哪里，为什么受表扬，以后就会逐渐听不进去别人的批评了。

其次，要针对孩子的个性进行适度的表扬，对那些性格很内向、个性很懦弱、能力也有很大不足的孩子，要多表扬才能够肯定他们的成绩，增强他们的自信心。相反，对那些虚荣心很强、态度又很傲慢的孩子，就要有节制地运用表扬的手段，否则就会助长他们的不良性格，影响他们的进步。

最后，表扬不仅仅要看结果，更要看到过程。比如说孩子好心办了坏事怎么办？家长是要表扬呢，还是要批评呢？聪明的父母看到这样的情况，一定要对孩子的“好心”提出表扬，然后再帮助孩子分析“坏事”的原因，告诉他要如何改进，这样就会收到良好的效果。

表扬孩子的方式有很多，不一定只是口头表扬，只要是适合孩子的表扬方式都能够收到很好的效果，比如说为孩子购买图书，购买玩具对其进行物质奖励，也可以是抱抱孩子，向孩子竖大拇指。总之，恰当的表扬方式，会收到最好的表扬效果。

表扬要适度，多了孩子会烦

在心理学上有一种现象叫作“超限效应”，通俗的解释就是：当人的机体在接受某种刺激过多、过强或者过长的前提下，就会调动起“自我保护”的本能，出现明显的逃避倾向。

这种“超限效应”在家庭教育中时有发生，比如说孩子考试失败了，父母会一次、两次甚至多次对同一件事情进行同样的批评，这种行为会使孩子的内心产生一系列的变化，他会从最开始的内疚不安，到后来的不耐烦，直到最后的反感讨厌，甚至会出现“我就是不学了!”的强烈逆反心理。

不论批评还是表扬，只要是说多了，孩子都会觉得父母很唠叨，让他们很受不了。其实父母的本意是好的，想通过强调这个问题，让孩子记忆更加深刻，以后能够保持住优点，只是，大人们这种喋喋不休的说教和嘱咐，最终导致孩子出现了“超限效应”，不仅无动于衷，还会异常反感，过多的赞扬会让孩子认为父母“太假了”。

明明的教室在一楼，他早晨喝完牛奶，随手把空牛奶盒从窗户扔了出去，这个盒子恰巧被路过的同学朗朗捡到了，并且丢到了班级的纸篓里。

这一幕被班主任老师看到了，他决定要在班上说说这件事情，表扬一下朗朗，批评教育一下明明。

“明明，刚才我看到你把牛奶盒子扔到了窗外，被朗朗捡起来了，你知道这种行为的恶劣性吗?”班主任厉声质问。

“老师，我错了，我以后再也不往窗外扔东西了!”这时，明明实在是内疚极了。与此同时，朗朗因得到了老师的表扬和肯定而很高兴。

“幸亏你扔的是纸盒，如果是铁盒、砖块呢？还不把人家脑袋砸破？”班主任老师继续将问题放大。

“万一砸出人命来怎么办？”

班主任连连质问、斥责，由纸盒到铁盒、砖块，再到人命，说了一大堆，越说越严重，越说越玄乎，似乎还不满足，仍想继续“发挥”，但这时，明明已变得充耳不闻，表情淡漠了。

班主任老师说完明明之后，又当着全班同学的面表扬朗朗：

“这是一个好孩子，他在没有人监督的情况下做了这样一件好事。”

“通过这一件小事，可以看到朗朗平时一贯表现良好。”

“能够自觉主动地做好事，肯定朗朗在家里也是个好孩子。”

“我们全班同学都要向朗朗学习。”

这个时候，朗朗也听得不自在了，这原本是一件无所谓的小事，老师怎么会说起来没完没了。

所以家长在表扬的时候，要善于抓住孩子的“闪光点”，能够及时地捕捉孩子的每一点进步，但是如果表扬得过于婆婆妈妈，那么就近乎“廉价”，所以表扬要适可而止。批评的时候，更要讲究艺术。

有的时候，家长给孩子的表扬过多，不仅会让孩子觉得很烦，更大的隐患在于，他们觉得这是很大的压力，他们所得到的表扬大于他们实际做的好事，这会让他们内心多少有些不安，而且他们会在潜意识中按照大人们所表扬的方向去努力。所以，如果大人们表扬得过于频繁，过于夸大，那么对孩子来说，就是压力，他们觉得去追赶这句夸奖，实在是很累。

总之，表扬孩子虽然是好事，但是也要适时适量，不要夸大其词。

给孩子的奖励要适当

一般说来，父母不要轻易对孩子进行物质上的奖励，因为频繁的物质奖励很容易降低孩子对事情本来的兴趣，并形成错误的价值观。

有一位妈妈抱怨说："我的孩子今年上初中一年级了，为了让他能够好好学习，我们给他制定了一个奖励制度：平日的考试测验，如果分数在90分以上，就可以得到10元钱的奖励。如果总成绩进入了前10名，就可以得到50元的奖励。如果总成绩进入了年级前列，就会得到100元的奖励。这个方法一开始挺管用的，孩子每天放学回家之后就是看书学习，但是时间一长，孩子就明显地出现了厌学情绪。如果我们不能够增加奖励的金额，就不能给他足够的刺激，他就没有办法打起精神来学习了。哎呀，真是愁坏我们了。"

在实际生活中，有很多父母都有过类似的困惑，他们习惯给孩子金钱、物质上的奖励。这种方法一般说来都是开始有效，但是不能长期使用，大多数家长在采用了这种方法之后都会起到相反的作用，同时也模糊了孩子的学习目标，他们不认为学习是为自己学，而是觉得这是交换奖励的筹码。

这究竟是什么原因呢？心理学的"德西定律"，足以说明这个问题。

美国心理学家爱德华·德西发现：一个人进行一项愉快的活动时，如果对他提供外部的物质奖励，反而有可能减少他对这项活动的兴趣。

德西是通过实验发现这个规律的。他让一些学生解答妙趣横生的智力题，开始时，对所有学生都不奖励；接着把学生分成两组，其中一组学生每解答一个智力题就给予1美元奖励，另一组则不给奖励。在两组学生的休息或自由活动的时间里，德西观察发现，有奖励组的学生在有奖励时解题很努力，在自由活动时间里却很少继续解答；可是无奖励组的学生却有更多的人热衷于没有解出的智力题。也就是说，奖励组的学生对解答难题的兴趣开始减少，而无奖励刺激的学生对解答难题的兴趣仍然浓厚。

奖励刺激容易引发人的外部动机，其最明显的特点就是持续的时间比较短。相反的，喜欢做这件事是一个人的内部动机，它更容易持久。

父母的奖赏不灵验，正是“德西定律”在起作用，父母如果让孩子养成了为获得奖赏才去努力学习的习惯，那么孩子就没有办法体会到出色完成一件事情之后的喜悦与兴奋，他们就没有办法体会到那种求知的快乐。对于任何事情来说，兴趣才是能够更加持久的动力，一旦失去了兴趣，一个人做事的动机也会大大降低。

如果孩子本来对一些事情能够表现出兴趣，父母这个时候再给奖励，可能就会弄巧成拙，不但不能提高孩子的学习主动性，反而会降低孩子原有的学习热情。比如说，孩子原本很喜欢画画，那么他原本不需要父母的表扬和物质奖励，只要是获得认可就足够了。如果孩子能够画出很美的画，那么父母只要关注一下就行了。

一味地给予物质奖励，会让孩子的欲望越来越大，并且还会沾染上自私自利和功利主义的坏毛病，养成斤斤计较的庸俗习气。所以父母在奖励孩子的时候，应该以精神奖励为主，比如说在家人或者是在亲友面前表扬他们，这样可以使他们产生荣誉感。

表扬要高调，批评要低调

批评不可少，但绝不能多

有的孩子总是把妈妈的批评当成耳边风，甚至屡教不改，如你越是三番五次地对孩子说“你要把你的屋子收拾干净”，他就越把你的话当作耳边风，屋子杂乱依旧。甚至有的时候，你越批评他，他就越要犯同样的错误。妈妈们一面觉得孩子不听话，一面又继续不停唠唠叨叨地数落孩子，但似乎永远看不到孩子发生改变。妈妈们在“怒其不争”的愤懑之余，是否能够想到，是不是因为自己批评的话太多了，导致孩子这样呢？

美国著名作家马克·吐温经历过这么一件事：有一次，他在教堂听牧师演讲。最初，他觉得牧师讲得很好，使人感动，准备捐款。过了10分钟，牧师还没有讲完，他有些不耐烦了，决定只捐一些零钱。又过了10分钟，牧师还没有讲完，于是他决定1分钱也不捐。等到牧师终于结束了冗长的演讲开始募捐时，马克·吐温由于气愤，不仅未捐钱，还从盘子里偷了2个硬币。

从心理学的角度来看，成人的短时记忆容量为72个单位，孩子的短时记忆容量相对更小，内容过量就会使孩子的短时记忆不断刷新，客观上导致孩子听了后面忘了前面，主观上也就会令孩子产生厌烦心理。

人的注意力主要受大脑额叶的支配，而额叶的髓鞘化要到7岁才完成。所以，就时间而言，即使是一个成人在有意注意的情况下，10 ~ 15分钟的言语刺激就已经是一个冲程，更何况是还未发育完全的孩子。如果家长对孩子不停地唠唠叨叨，这明显就是在挑战孩子的身心承受能力，必然会令孩子产生厌烦和逆反心理。

还有一些父母，喜欢对孩子进行过多的大而空的说教。孩子即使认为父母的话在理，也由于在短时间内遭遇“集中轰炸”而感到难以承受，这也正是许多孩子爱顶嘴的原因。

如果想批评对孩子“生效”，那么对孩子批评的话就不要太多。在生活中，孩子难免会犯一些错，毕竟每个人都是在犯错的过程中累积经验成长起来的。对于孩子犯的错，妈妈应当一事一议，犯了什么错就纠正什么错，不要加以引申，对孩子“翻旧账”。说教的态度要温和，语言要简明，指出改正错误的方法。而且，根据孩子身心发展的特点，当孩子犯错时，讲道理最好控制在3分钟以内，最长不超过5分钟，以免令孩子难以接受，产生厌烦抵触的情绪。

孩子有尊严，尽量私下批评他

伟大的教育家洛克说：“父母越不宣扬子女的过错，子女对自己的名誉就越看重，因而会更小心地维护别人对自己的好评。如果父母当众宣布他们的过失，使他们无地自容，他们就越觉得自己的名誉已受到打击，维护自己名誉的心思也就越淡薄。”

每个孩子都是活生生的生命个体，他们不仅仅满足于被爱，被保护，他们更渴求得到尊重和理解。但是，总有些家长喜欢当众给孩子“揭短”，越是人多的时候，就越是要批评他：

妈妈和客人正在客厅聊天，倩倩拿着试卷走上前来。“又考那么低！看看这分数！还好意思拿到我面前，真丢人！”妈妈抖着哗哗作响的试卷，像在寻求客人的同情。客人略显尴尬。

看着倩倩没有动静，妈妈更加生气：“我说错了吗？她一直都这样，我看是改不了了！我也不报什么希望了！”妈妈气愤失望的表情让倩倩无地自容。

“孩子小，一两次考得不好是正常的情况，别这么说孩子。”客人安慰道。面对客人的担忧，妈妈仍然不解气地说：“小孩子不说她就不懂，非得我来骂她两句！”

有的妈妈总是喜欢在众人面前批评自己的孩子，因为这可以让其他人在“无意中”看到自己做妈妈的“权威”，显示出自己对孩子要求很高，从而令自己“有面子”。但是，这种当众揭孩子短的做法，虽然成全了妈妈的这种自我满足，却极大地损伤了孩子的尊严，让孩子觉得无地自容，脸上无光而羞于见人，无形中不良刺激强化了孩子的弱点。

其实，孩子的面子比大人的面子更重要，而且孩子越大，自尊心就越强。而且，孩子每一个行为都是有原因的，也许这些原因在成人看来是微不足道的，但在孩子的眼里那是很严重的事情，不了解原因当众批评孩子，非但不能解决问题，反而会使问题变得更糟，令孩子产生逆反抵触情绪，继而与家长产生深深的隔阂。

妈妈带着孩子来找一位教育专家，见到之后，跟孩子讲：“问叔叔好。”

孩子很懂礼貌地和这位专家问好。

妈妈接着开门见山地当着孩子的面问这位教育专家：“您说，我的这个孩子怎么老是比别人反应慢呢？”

教育专家示意家长不要当着孩子的面问这样的问题，故意把话题岔开了，但是家长并没有意识到。

等到把孩子支走之后，教育专家对这位妈妈说：“大姐，我跟您说实话啊，不要当着孩子的面评论他。这样还能指望他变聪明吗？”

其实，有的妈妈也明白孩子的自尊心非常敏感，不能伤害。但是有时候看到孩子还是老样子，就忍不住怒火攻心，恶语相向了。怎样避免这种情况呢？很简单，当你觉得自己在气头上的时候，就忍住怒气，离开孩子。当你有意识地躲避孩子，就会少说很多令他伤心的话。这也是一个无可奈何的解决方法。

在家庭教育中，教育者的心态和教育的出发点直接影响着教育结果。因此，不要因为他是你的孩子，就蛮横地在众人面前使他的缺点一览无余，或是因为无法掩饰你愤怒的情绪，无辜地伤害了孩子。孩子的自尊心有时是透明的玻璃物，碎了就很难黏合起来，伤害是永远的。爱孩子，就要真正地为他着想，停下嘴中的不满，尤其在众人面前。即使孩子在众人面前犯了错误，妈妈也要先维护孩子的“面子”，等到没有人的时候，在私下里心平气和地指出孩子错误的行为。这既保全了孩子的自尊，也会让孩子更容易认识到自己的错误，接受妈妈的批评。

三明治效应：批评需要讲艺术

电视里在进行某个比赛最后的 PK 赛，主持人或者评委都会对将要淘汰的选手先来一番表扬，接着会说他这一次可能在某个地方有些差强人意所以落败，最后还会鼓励他说希望以后继续努力之类的话；工作中，聪明的领导会先肯定某个人的工作成绩，然后再指出他的毛病或是需要改进的地方，最后会以肯定和鼓励来表示自己对这个人的信心……

人们都喜欢听好话，都喜欢得到他人的肯定和赞扬。因此，聪明的批评者会在批评他人之前，先对其进行一番认同、赏识，肯定对方的优点和积极方面，以拉近批评者与被批评者的心理距离，进而产生情感共鸣；继而提出批评和建议，最后不忘再重复一遍鼓励、希望、信任、支持和帮助的话，令受批评者振作精神，重新再来，避免陷入一错再错的泥潭之中。事实证明，这种兜个圈子似的批评方式，要比直截了当地批评更有效，会令批评者心甘情愿地认识到自己的错误和不足，愉快地接受，积极地改进。心理学家将这种“表扬—批评—再表扬”的批评方式，称为“三明治效应”。

“三明治效应”可以灵活地运用在生活中的各个场合，在教育孩子的时候，也能发挥神奇的作用。

有位老师曾经讲过这样一件事：有天，班里的李东向我请假说肚子疼，我没多想就同意了。下午，我经过一家网吧门口时却看见了他。我装作“无意”中看见了他，他又惊又怕，直往学校方向走去。

回学校后，我把他叫到办公室，他一副“视死如归”的样子。我说：“出去之前先请了假，这表明你还是很有纪律性的。而且看到我之后马上回到学校来了。”他有点不好意思，看到我没有严厉批评，小声说：“老师，您看能不能不告诉我父母，我怕他们伤心。”“你现在怕他们伤心，但如果你学无所成，最终他们不是更伤心吗？”他说：“老师，我错了……”我看他已露出悔意，便接着把上网打游戏的危害告诉他，并告诉他如何学会自我控制，“你很孝顺，也很聪明，只要你去努力，一定能够成为一名很出色的学生。”然后就他在学习方法上出现的问题给出一些建议。从此，李东再没有出现过类似的情况，最后成为一名品学兼优的好学生。

这位老师恰当地运用了“三明治效应”，先是肯定了李东的纪律性，然后用启发式的话引导他主动去思考“如果自己学无所成，父母会不会伤心”，进而给他清楚地摆明了上网的危害，最后给出了他一些关于学习的建议，表达了自己对他的肯定和期望。这样一来，这个孩子就能通过深刻的自我反省认识到自己的错误，并努力为此做出改变。

三明治式的批评之所以比直截了当地批评更有成效，首先因为它有着去除防卫心理作用。在批评之前，先说些亲切关怀赞美之类的话，就可以制造友好的沟通氛围，并可以让对方平静下来安下心来进行交往对话。如果一开始就进行直接批评，加上语气十分严厉的话，那么对方就会产生一种自然的反射状的防御反应以保护自我。一旦产生了这种防卫心态，那么对方就很难再听得进批评意见了。即使批评是对的，也不会产生任何正面积极的效果。

其次，三明治法有着去除被批评者的后顾之忧的作用。许多破坏性的批评总是一而再再而三地进行批评，到批评结束时，还会令被批评者心有余悸。而三明治法的最后一层，就起到了去后顾之忧的作用，它会给予被批评者鼓励、希望、信任、支持、帮助，使被批评者振作精神，重新再来，不再陷于泥潭之中。

最后，三明治法给了被批评者足够的面子。这种批评既指出了问题，同时也让人易于接受，不会伤及被批评者的感情，也不会损害他的自尊心，能激发起向善的良心，令其积极性始终维持在良好的行为上。

因此，妈妈在批评孩子的时候，也不妨尝试运用三明治法。不过，孩子的心理有时会和成年人有所不同，如果妈妈在赞扬后用“但是”来一个明显的转折，这容易让孩子产生反感，认为妈妈的表扬不真诚。因此，妈妈可以将“但是”换成“如果”，比如“你的学习成绩很不错，如果你能多团结同学，多关心别人，相信你会更受同学欢迎的”，这样的间接提醒要比“但是”后面的直接批评效果更好，孩子也更乐于接受。

值得一提的是，如果大人一再犯错误又不肯改正，这种方法不但起不到教育作用，还会让孩子感觉大人也不过如此。这时，三明治法就起不到作用了，所以，教育的前提是以身作则。

用表扬“刺激”孩子主动反省

宁宁看见妈妈在厨房里忙碌，便过去帮妈妈择菜。结果，她把菜叶弄得满地都是。妈妈见孩子这样帮“倒忙”，气不打一处来，便明褒暗贬地对孩子说：“你可真能干，我们家都快成菜市场了。”妈妈的这句冷嘲热讽的话，极大限度地打击了宁宁“尝试”的积极性。从此以后，宁宁再也不愿意帮妈妈干活了。

其实，如果宁宁的妈妈换另外一种说话的方式，比如“宝贝，你真的长大了，能帮妈妈干活了，不过让妈妈先来给你演示怎么择菜好吗”，那么孩子肯定就会开开心心地和妈妈学习择菜，并由衷感受到快乐。

著名教育家陈鹤琴说过：“无论什么人，受激励而改过，是很容易的，受责骂而改过，却不大容易，而小孩子尤其喜欢听好话，不喜欢听恶言。”可见，家长每一次对孩子的鼓励都是为他创造一次成长的机遇，孩子需要鼓励，需要信心，就如植物需要浇水一样，离开鼓励，孩子就不能进步。

在批评心理学中，人们把原本要批评的过错不给予直接批评，而是充分肯定或表扬其长处，使犯错者自我反省，进而认识过错，改正过错的现象，称为“反弹琵琶效应”。这种“反弹琵琶”式的批评方式，对教育孩子也非常有效。

成功学大师拿破仑·希尔从小被认为是一个坏孩子。母牛走失了、树莫名其妙被砍倒了等诸如此类的坏事，人们都认定是他做的，甚至父亲和哥哥都认为他很坏。人们都认为母亲死了，没有人管教是希尔变坏的主要原因。既然大家都这么认为，他也就无所谓了。

直到有一天父亲再婚。当继母站在希尔面前时，希尔像枪杆一样站得笔直，双手交叉在胸前，冷漠地瞪着她，一丝欢迎的意思也没有。

“这就是拿破仑，全家最坏的孩子。”父亲这样介绍道。而他的继母则把手放在希尔的肩上，看着他，眼里闪烁着光芒。“最坏的孩子？一点儿也不，他是全家最聪明的孩子，我们要把他的本性诱导出来。”

继母造就了希尔，他一辈子也忘不了继母把手放在他肩上的那一刻。

无论什么人，受激励而改过是很容易的，受责骂而改过却不大容易，孩子尤其如此。作为最关心爱护孩子的妈妈，更要善于从孩子的错误行为中发现孩子的闪光点，并对之表示肯定的赞扬，以此刺激孩子主动去反省自己的行为，获得最真实的感受。当孩子发自内心地认识到自己的错误和不足之处时，那么他想要改变，就会是一件特别容易的事情了。

不过，“反弹琵琶”式地批评毕竟是批评，不是完全的表扬，因此，“批评”二字不能忽略，不能把批评变成表扬。也就是说，批评可以先表扬后批评或批评寓于表扬之中，这都是可以的，但一定要让孩子感悟到自己的错误所在，并使其改正。否则，这种批评就不是“反弹琵琶”式的批评了。

第七章 <<<<<

“事倍功半要不得”，爱得多不如爱得对

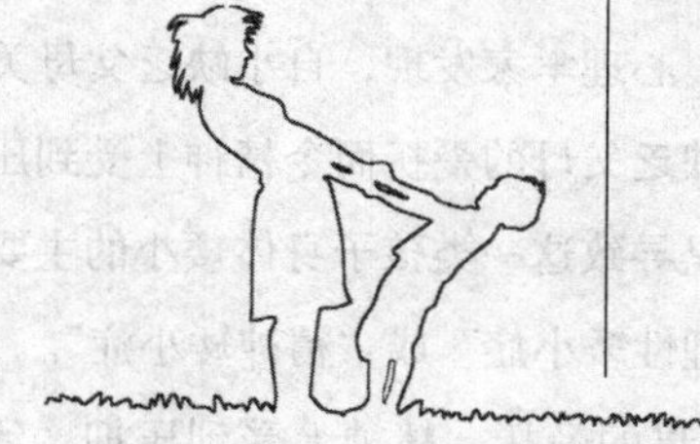

爱是孩子最不可或缺的情感

缺爱的孩子易患“心理性矮小症”

在日常生活中，人们常常能够见到一些孩子的身体和他们的年龄相比，显得过分矮小，生长发育情况不正常。以前人们认为，这是生理和遗传上的原因造成的。不过，心理学家发现，自小缺乏父母关爱的孩子，也会出现这种问题。因缺乏父母的爱抚而令精神上受到压抑，继而导致机能发育出现障碍，是导致这一类孩子身体矮小的主要原因，医学上将这种病症称为“心理性矮小症”或“精神矮小症”。

心理性矮小症是指孩子缺乏父母的爱抚，精神上受到压抑，致使生长发育产生了障碍而出现的矮小症。美国著名精神病学家霍芬博士指出：孩子长期生活在精神压抑、无人关心或经常挨打受骂的家庭环境中，就会引起体内的神经——体液内分泌功能紊乱，致使生长激素、甲状腺素等有助于长高的激素分泌减少，从而导致孩子生长发育障碍，个子矮小。

家庭是孩子出生后很长一段时间里主要生活的地方，家庭的气氛会直接影响着孩子的身心健康。在和睦温馨的家庭中无忧无虑、井然有序地生活，可以令孩子倍感温暖和幸福，这自然有益于孩子的身心发育和成长。但是，如果夫妻经常吵嘴打架，总是处于紧张的气氛中，甚至把孩子当作“出气筒”或者当作包袱加以虐待，在这种家庭环境中长大的孩子就会倍感痛苦压抑，活泼的天性被扼杀，身心健康受到严重影响。

研究发现，心理性矮小症与特殊的社会环境——离婚率高有着密切的关系。此外，留守儿童（长年不在父母身边）或由祖父母带大的孩子，也容易出现这样的情况。

张女士15岁的儿子壮壮身高仅仅一米四多一点儿，比同龄孩子整整矮了一头。她带着儿子去医院检查，医生给他做了详细检查，结果各项指标都正常，但是他骨骼生长线已闭合，无法再长高了。经过了解，原来张女士和丈夫常年外出打工，把壮壮一个人留在家里，平时忙起来也没有时间和孩子联络。久而久之，孩子就变得不爱说话了，性格越来越内向，不爱与人交往，总是一个人静静地坐在角落里发呆。

不过，与遗传性矮小不同的是，这种因心理问题造成的矮小症是可逆的，一旦解除孩子心结，发育就会继续。也就是说，如果家长充分关心和爱护孩子，让孩子重新感受到父母的爱护、家庭的温暖，加上适当的运动，那么在孩子的生长发育完成以前，依然还有机会长高。

在第二次世界大战中，西班牙、朝鲜、越南、德国等国失去双亲的孤儿，平均身高要比其他同龄儿童矮了近10厘米。科学家们曾为此做过试验，他们将一批受到精神压抑而矮小的孩子，安置到和睦欢乐的环境中，让他们受到与正常家庭儿童类似的爱抚和温暖，3个月后，约有95%的孩子发育情况很快发生变化，生长停滞现象得以消除，身高得到明显的增长，接近其他同龄儿童身高增长的水平。

父母的关爱是最好的“增高剂”，而爱则是孩子成长最好的推动力。以积极的态度表达对孩子的爱抚，创造条件让孩子多接触同龄儿童，帮助他交朋友，鼓励孩子多参与集体活动，给他创造一个温馨和谐的家庭环境，让孩子每天都能获得安全的感觉和快乐的心情，这是预防孩子出现“心理性矮小症”的最根本的办法。

母爱是孩子心理的“安全岛”

母子关系主要影响孩子的情绪和情感表达方式。有关研究发现，成年人很多种心理疾病和障碍，都与童年时期缺乏爱、特别是缺乏来自妈妈的爱有关。

孩子在1岁以前，如果得不到来自妈妈的足够的爱，就有可能会造成性格方面的缺陷，甚至形成人格或行为障碍。心理学家认为，妈妈与孩子的关系是依赖性的，这种依赖性是除了妈妈以外任何家人都无法给予和替代的。这是因为，孩子需要妈妈的抚养，不仅是生理上的需要，吃、喝、换尿布，也需要妈妈的爱，而来自妈妈的爱可以让孩子形成充分的安全感。这种安全感，对今后孩子自我认知的发展以及自信、自尊等心理素质的发展，都有着至关重要的作用。

美国心理学家艾恩斯沃斯曾经做过一项“陌生情境”法的实验：他通过观察婴儿与母亲短暂分离、处在陌生情境中的反应和行为表现，来测定母婴依恋的模式，判断孩子是否具有安全感。实验发现：妈妈离开时没有反应，回来时也不拥抱孩子，那么孩子对妈妈是回避的态度，这样的孩子安全感较弱。而那种妈妈在场时很主动地探索周围，妈妈离开时哭闹一下，但很快就能自主地玩儿了，妈妈回来后拥抱亲吻以后，能很快平静下来接着玩儿的孩子，才是拥有健康亲子关系、很有安全感的孩子。

母爱是孩子心里的“安全岛”，是孩子培养快乐的基地。刚刚出生的婴儿被妈妈抱在怀里吮吸乳汁时，他的一双小眼睛总是跳动着欢快的火花望着妈妈，显得那么舒服，那么自在。小孩子在妈妈身边可以无忧无虑地跑跳，遇到陌生人时就会紧紧地抱住妈妈，或是悄悄躲在妈妈的身后……这一切都说明，只有母爱，才能使孩子感到安全，才能让孩子毫无顾虑地去探索、发现，才能让孩子健健康康地成长。

琪琪从一出生，就得到了爸爸妈妈无尽的关怀和爱护。与多数妈妈不同的是，琪琪的妈妈会毫不吝啬地对女儿表达自己对她的爱意，告诉女儿妈妈爱她。两三岁的时候，琪琪似乎比同龄的孩子好奇心更强，更勇于探索，她可以坦然地摆弄家里的每一件物品，放心地和小朋友捡树叶、蹲在蚂蚁洞旁边看蚂蚁，胆子比年龄相仿的女孩大很多，而且特别自信，在幼儿园里可以完全自理，不需要老师过多照顾她，有时还能帮老师的忙一起照顾安慰其他小朋友。琪琪的妈妈觉得，女儿之所以如此胆大、自信，正是因为在她小小的心里肯定了这样一件事——无论何种情况下，她都不会失去爸爸妈妈的爱，所以她是安全的。

爱孩子是每一个妈妈的本能反应。但是，有爱不代表就能让孩子感到快乐，不代表孩子就能感受到生活的幸福。妈妈的爱，只有让孩子感受到，才能让孩子感到安全，感到幸福。就像苏联教育家马卡连柯所说的那样："没有父母的爱所培养出来的人，往往是有缺陷的人。因此，社会要使它的每一个成员——不管他是多么幼小——都得到真正的父母之爱。"

作为孩子的妈妈，应该尽可能多地抽出时间和孩子在一起。每个孩子都需要从妈妈那里得到足够的重视。在每天工作之余，妈妈要尽量抽出一些时间参加孩子的游戏，和孩子一起读书，为孩子提供接触外界的机会，学会倾听孩子的心声，和孩子一同成长。

聊天是另一种形式的爱

每个孩子都有交流的需求。每天，孩子都会接触到不同的人和事，从外界获得许多信息，他们需要把这些信息与周围的人进行分享、交流，从而获得美好的情感体验。作为孩子的妈妈，常与孩子聊天，不仅可以使孩子养成倾听与倾诉的习惯，还可以令孩子充分感受到妈妈的爱。遗憾的是，很多妈妈与孩子之间可以聊天的话题太少了，聊不到几句就因"话不投机"而草草中断或是不欢而散。问题到底出在哪里呢?

瑶瑶放学回到家后，她迫不及待地和妈妈分享这天的感受。

瑶瑶："当班长太累了，又要自己学习，还要维持纪律。"

妈妈："既然不喜欢，就和老师说说不做了。"

瑶瑶："可是我也很喜欢做班长，它让我觉得很光荣。"

妈妈："既然你喜欢，那就不要再嚷嚷着说累了。"

瑶瑶沮丧："可是喜欢不代表不累啊！"

妈妈无奈："真不知道你到底要说什么。"

聊天是父母向孩子表达爱的一种方式。但是，很多妈妈却不知道如何与孩子聊天，如何与孩子聊好天。就像案例中的瑶瑶一样，她在与妈妈聊天后一定会觉得自己的情绪无处发泄，妈妈根本就没办法理解她的感受，所以她肯定不愿意再继续交谈下去了。但是，如果妈妈可以换另外一种谈话方式，更注意倾听孩子的心声，站在孩子的立场去亲身考虑她的感受，那么谈话的效果就会有明显的不同：

瑶瑶："当班长太累了，又要自己学习，还要维持纪律。"

妈妈："你今天好像很累。"

瑶瑶："是啊，当班长让我觉得很光荣，可也让我总觉得有压力。"

妈妈："嗯，我明白你的感受，我也曾有过这样的情况。"

瑶瑶："我该怎么做才好呢？真头疼。"

妈妈："妈妈相信你一定能处理好的，来，让妈妈抱抱你。"

瑶瑶："谢谢你，妈妈，我觉得舒服多了。"

妈妈在与孩子聊天时，话题不应当只局限于学习上。很多妈妈都会在这一点上出问题，这会令孩子越来越不愿意与妈妈沟通。反之，如果妈妈多关心孩子的日常生活及心理、情感状况，真正地走进孩子的内心，不居高临下，而是和孩子成为朋友，那么与孩子的关系就会越来越融洽。

当孩子对自己说出其内心的真实想法时，妈妈不要忙于对他们的看法加以评论，或打断，这样就会削弱他们聊天的兴趣。无论孩子想法的对错，妈妈都要先学会倾听，然后再站在孩子的立场去理解他，帮助他分析并告诉他应该怎么办。如果孩子在成长的过程中遇到了一些难以解决的困惑，妈妈就要耐心地给予指导和帮助，为孩子解除心中的疑虑。这样，孩子就会越来越信任妈妈，把妈妈当成可以放心倾诉心事的好朋友，无话不谈。

再者，与孩子聊天时还要学会观察孩子的表情。如果发现孩子比较兴奋，妈妈就可以微笑着问："今天这么高兴，是不是发生了什么令人高兴的事啊？说给妈妈听听吧！"如果发现孩子面带沮丧，妈妈就要关切地询问："你是不是心情不好？遇到了什么困难和问题，需要帮忙吗？"如果孩子与同学朋友之间发生了不愉快，妈妈千万不要气急败坏地去指责孩子，而是要平静地问孩子到底发生了什么事，可以给孩子提供一些解决问题、化解矛盾的方法，但不要硬性干涉，让孩子自己去解决问题。

聊天是与孩子交流最简单、最有效的办法，这既可以随时了解孩子的想法，还可以让孩子感受到来自妈妈的关心和爱护。只要掌握平等、亲切、真诚、民主、爱护的原则，和孩子进行朋友般的对话，那么孩子就会认为你是最值得信赖的长者，就会敞开心扉向你倾诉内心的想法。

溺爱会毁掉孩子的一生

溺爱其实是一种害

苏联著名教育学家马卡连柯曾经说："父母对自己的子女爱得不够，子女就会感到痛苦，但是过分溺爱虽然是一种伟大的感情，却会使子女遭到毁灭。"如果父母无视这个警告，一意孤行地认为只要尽力满足孩子的需要就能保证孩子健康幸福的成长，那么你的这种教育方式必然会影响孩子在各个方面的发展。例如，当别人帮助自己的时候，这些孩子不懂得感恩，反倒觉得是理所当然；当他看到别人比自己优秀，他首先想到的不是向别人学习，而是产生沮丧、嫉妒等消极情绪。

此外，溺爱还会令孩子的人格受损。在溺爱下长大的孩子，在家中依赖父母，日后在外面宁愿依赖同事、依赖上司，也不愿自己创造，不敢表现自己，害怕独立，又或者他喜欢做一个"小霸王"，自私自利，不尊重父母兄弟姐妹，脾气暴躁，性格极端。这些都意味着他的人格还没有趋于成熟和健全。

小帅小时候一直跟爷爷奶奶生活，读小学才回到城里父母的身边。小帅的妈妈总觉得亏欠孩子，出于补偿心理，她对孩子百依百顺、有求必应。渐渐地，小帅就从一个乖孩子变成了一个小霸王，一旦妈妈满足不了他的需求，他就发脾气，扬言不写作业，不上学，甚至要离家出走。

但是，小帅的妈妈总以为孩子长大了就会好的，所以对小帅的这些行为总是忍气吞声。可是，小帅并没有因为长大了就变得懂事，他变得越来越好逸恶劳，才12岁就明目张胆地在厕所里抽烟。再到后来，他干脆领着几个同学逃课出去上网，并且用妈妈给的零花钱请客，大手大脚。直到这时，小帅的妈妈才有些害怕了，可是却不知道怎么才能让孩子变好。

父母们应该明白，溺爱孩子实际上剥夺了孩子生活中许多重要的东西。父母首先要学会放开自己的双手，让孩子自己系鞋带，即使速度很慢，迟到了他会因此受到批评；如果系到一起，走路摔倒了他会感到疼痛，但是所有这些代价，都是让他学会正确做事的前提。不然，他将在未来错失更多的机会，付出的代价也会更惨痛。

溺爱看起来最富有牺牲精神，但其实是世界上最懒惰的爱。实际上，很多妈妈都已经意识到了溺爱的坏处，但是她们还是走上了这条路，这是为什么呢？

其实每个人心中都藏着两个“我”。一个是“内在的父母”，即我们现实中的父母角色与理想中的父母角色的内化；另一个是“内在的小孩儿”，也就是我们对自己童年体验的记忆和自己理想童年的内化。溺爱的心理秘密是妈妈把这个“内在的小孩儿”投射到了自己的孩子身上。她把自己的孩子当作小时候的自己，按照自己曾经幻想的爱来给孩子。比如，那些从小生活贫困的妈妈，她们通常会在物质上满足孩子的一切要求，因为她潜意识里极端排斥贫苦的日子，所以她不断满足孩子的物质要求，其实是在满足自己“内在的小孩儿”的物欲。妈妈们无节制地给予孩子爱，其实是无节制地满足自己的欲望。溺爱表面上看是牺牲自己满足孩子，心理真相却是在宠爱自己的同时牺牲了孩子。

每个父母都应该反思一下自己对孩子的爱。你是不是在按照自己的想法爱孩子，你是不是希望自己有一个和孩子一样的童年呢？如果答案是肯定的，请你反省一下自己的行为，也许正在有意或无意地溺爱孩子。

孩子是需要经历挫折才能健康成长的，溺爱只会让孩子养成不好的生活习惯和性格。被溺爱的孩子很难遵守规矩，也不懂得自我约束，在他看来，规矩都是为别人准备的，与自己无关。

父母的爱不是越多越好，千万不要让你的爱泛滥成灾，最终将孩子的人生淹没在你的爱中。

父母应注意：这些行为都是溺爱

郑晖是一个在学校里出名的不守规矩的人：上课时，他总是把一只脚放在课桌上，手上拿着一个玩具玩儿着，全然不顾老师和同学们异样的目光；体育老师喊立正，他偏要稍息；老师叫蹲下，他偏要站着，最后干脆跑到树荫下去玩儿……老师和班干部只要规劝他，他就开始“耍赖”，有几次甚至整个人躺在地上不起来。

老师曾经为此事请了家长。可没想到的是，郑晖的妈妈对儿子的行为却非常不以为然：“我的孩子脾气很硬，不喜欢别人管他，他在家里总是把脚放在桌子上，已经习惯了。躺在地上，那是老师惹他不高兴了，所以他就躺在地上，在家里他就是这样。”

给予孩子正确的爱，会让他学会更好地爱别人，爱自己，爱生活；而过分溺爱孩子，则容易使孩子养成骄傲、任性、自私、虚荣、孤僻等毛病。妈妈在反对溺爱的同时，又在不知不觉中对孩子进行溺爱。有的时候，出现溺爱行为，其实也是父母的无心之失。父母虽然知道溺爱会对孩子造成伤害，但有时也会分不清“溺爱”是什么，更不了解是否自己家里就存在溺爱。那么，什么样的爱，才算是溺爱呢？

以下列出了五种最常见的溺爱行为。父母不妨对照着实际情况看一下，自己是否也曾有过这些行为：

1. 对孩子给予“特殊待遇”

由于很多孩子是家里的独生子女，在家里的地位高人一等，处处都会受到特殊照顾。这样的孩子必然是“恃宠而骄”，滋生优越感，变得自私没有同情心，不会关心他人。

2. 对孩子的各种要求“无条件满足”

有的父母对孩子的各种要求总是无原则地满足，儿子要什么就给什么。有的父母觉得“再穷不能穷孩子”，即便自己省吃俭用，也要满足孩子的要求，哪怕是无理要求。这样长大的孩子必然养成不珍惜物品，讲究物质享受，浪费金钱和不体贴他人的坏毛病，而且毫无忍耐和吃苦精神。

3. 对孩子过分保护

有的父母为了孩子的“绝对安全”，不让孩子走出家门，也不许他和别的小朋友玩儿。更有甚者，变成了儿子的“小尾巴”，步步紧跟，含在嘴里怕化了，吐出来怕飞走。这样养大的孩子往往胆小无能，存在依赖心理，在家里横行霸道，到外面胆小如鼠，造成严重的性格缺陷。

4. 袒护孩子所犯的错误

当孩子犯了错误的时候，父母总是视而不见，反而说：“不要管太严，孩子还小呢。”有时候爷爷奶奶还会站出来说话：“不要教得太急，他长大之后自然会好了。”这样环境长大的孩子全无是非观念，长大之后很容易造成性格的扭曲。

5. 孩子出现意外时“大惊小怪”

所谓“初生牛犊不怕虎”。孩子在小的时候本来不怕水、不怕黑、不怕摔跤、不怕疼，摔跤以后能不声不响自己爬起来继续玩儿，可为什么有的孩子越大越变得胆小爱哭了呢？这往往就是父母和其他家人的“大惊小怪”所造成的。当孩子出现病痛或是遇见什么事情时，孩子还无所察觉，大人就已经表现得惊慌失措，不让孩子碰这碰那。这样娇惯的最终结果，就是孩子不让大人离开一步，越来越懦弱。

溺爱孩子的家庭易养出“心理肥胖儿”

随着人们生活水平的不断提高、膳食结构发生改变，儿童肥胖症呈显著增多的趋势。现代医学认为，如果儿童体重超过同性别、同身高正常儿均值20%以上，就可诊断为肥胖症；超过均值20%～29%，为轻度肥胖；超过均值30%～39%，为中度肥胖；超过均值40%～59%，为重度肥胖；超过均值60%以上，为极度肥胖。

豆豆是个名副其实的小胖墩儿，刚刚8岁体重就已经超过了80斤。他是家里唯一的男孩，从出生的那天开始全家人就特别宠爱他，好吃的都给他吃，看他吃得越多，家里人就越高兴。于是，这个孩子就一天比一天胖。现在，他甚至连多走几步路都有点儿气喘吁吁，更甭提上体育课活动了。妈妈带着豆豆去医院检查，才发现这么小的孩子，竟然已经患上了高血压。这下子，豆豆妈也开始着急了。

肥胖其实可以说是一种心理疾病，因为大多数人肥胖都是由于心理和行为问题造成的。现在孩子肥胖有几方面原因：首先，是因为按传统的观念来喂养孩子，认为给孩子多吃东西是对孩子的疼爱。其次，现在孩子能接触到的食品非常多，除正餐之外，还过量摄入其他食品，再加上孩子们很少运动和劳动，致使摄入的能量不能消耗，只能积聚在体内，形成脂肪。

很多家长认为，把孩子养得胖是有面子的事情，对于孩子肥胖也持宽容态度，而且在孩子已经开始出现肥胖症的情况下仍然不对孩子吃的东西加以限制，让孩子随心所欲。孩子本身缺乏一定的控制力，对好吃的食物更是不懂得控制，也不懂得什么食物是健康的、什么是毫无益处的，如果妈妈们再不纠正孩子饮食习惯听之任之的话，那么孩子肥胖的情况就难以得到改善。久而久之，这种放纵的溺爱就会养出一个“心理肥胖儿”。

肥胖不仅影响孩子的身体健康和正常发育，还是孩子成年以后患高血压、糖尿病、冠心病、痛风等疾病和猝死的诱因。如果要让孩子有效地减肥或防止肥胖，就必须从改变家长的观念做起，家长要及早为孩子建立起健康的饮食习惯和良好的行为习惯，不要在吃的问题上娇惯孩子。父母们要记住，爱孩子没有错，但是过度的爱，反而可能会害了孩子。

不要用爱扼住孩子的喉咙

“我都是为了孩子好”是谬论

美国家庭心理咨询师茱迪斯·布朗在《都是为了你好》一书中指出，“在家庭中，妈妈有着强大的需求，但是这些需求往往被高尚的托词乔装遮掩，暗中扭曲孩子的生活。”“都是为了你好”就是最常用来遮掩妈妈内心需求的高尚托词之一。

孩子不想吃饭时，妈妈端着碗在身后追着喂：“再吃一点儿吧，为了你的营养，为了你的身体好！”

妈妈给孩子报了钢琴班、美术班、舞蹈班、英语班，每天陪着孩子东奔西跑上课、练习、考证：“为了你的将来着想，为了你的前途好！”

无论孩子做什么，妈妈都会参与其中，干涉孩子的想法：“听我的，这都是为了你好！”

茱迪斯·布朗还曾经说：“妈妈们自欺欺人的通病就是，她们为孩子做的一切，无论如何满足了她们自己，却说成是为了孩子。”

“我都是为了孩子好”表面看起来很有道理，实际上却非常荒谬。在这个旗号下，妈妈不仅参与孩子所有的行为，强迫孩子接受妈妈的选择，甚至还会指导孩子何时何地应该以何种方式表达自己：委屈不许哭、失望不许生气、高兴不许喊、对妈妈要时刻感恩戴德……

但是请妈妈们认真地思考一下之后扪心自问：“你呕心沥血所做的一切，真的都是为了孩子好吗？”

冬季的一天，气温骤降。听到有人敲宿舍的门，小秀站起来去开门。打开门一看，自己的妈妈拿着一件羽绒服出现在自己面前。原来是妈妈听说降温，冒着刺骨的寒风骑车来学校给孩子送羽绒服。

小秀感到啼笑皆非，她告诉妈妈自己并不需要羽绒服：“我这里有足够的保暖衣服。这么冷的天，我们都在宿舍里念书，不会出去的。再说，您顶着大风来给我送衣服，就不怕自己生病啊？”

妈妈听了孩子的一番话，十分恼怒地说：“我这不是怕你冷吗？怎么了，我关心你不对吗？我这不是为了你好吗？你怎么这个态度？”说完扔下衣服扭头就走了。小秀追出来让妈妈进屋坐一会儿，她好像没听见，连头都没回。

妈妈感到很委屈，她觉得自己这样心疼女儿，顶着寒风去送冬衣，简直是个伟大的英雄！一路上，她都在想象女儿看见自己时会多么感激涕零。然而女儿的表现让她失望极了，孩子不但不领情，还将她拱手送上的温暖拒之门外。

女儿也很委屈，她觉得自己已经能够照顾自己了。这么多同学的妈妈都没有来，偏偏只有自己的妈妈来了，小题大做。妈妈总是命令自己无条件地接受关怀，也不看孩子到底是不是需要。

“我都是为了你好！”凡是这样说话的妈妈，内心都有一种自以为是的态度，她把自己当成孩子生活的总指挥，是居高临下的“救世主”，这样的妈妈总是在说“听我的，我知道什么是对你最有益的”！

但是“都是为了你好”的隐含意思是“我为你好才这么要求你，所以你不论喜不喜欢，都必须照办”。实际上这里面存在着一个假设，就是出发点好结果就一定好，但是这个假设是不成立的。另外还包含了一个前提：孩子自己不知道什么对自己好，所以一切都要听妈妈的。对于很小的孩子，这一点或许是事实，但是对于比较大的孩子来说，相信是没人会认同的。

案例中的这个妈妈认为自己是伟大的，无论何时女儿都应该满怀感激地接受，否则就是没有良心。然而，妈妈的做法仅仅是照顾到了自己的利益，却丝毫没有考虑女儿的感受。茱迪斯·布朗将这种“爱”称作“慈祥的虐待”。实际上，这种“爱”所带来的心理伤害，绝对不亚于暴力行为留下的创伤。

当孩子置疑妈妈的行为时，妈妈用一句“我都是为了你好”蛮横地拒绝了孩子的意见。因为这句话的潜台词就是“我的动机是为你好，所以你无权置疑我的行为，即使事实证明我错了，我也不需要道歉，而且你下次仍然应该无条件地服从我。我整天都在为你好，你应该记住我的恩情，你欠我的”。妈妈怀揣着如此蛮不讲理的想法，哪个孩子还敢表达自己的意见呢？这时妈妈扮演的是“债权人”和“施予者”角色，扮演这种角色的目的是要保持对孩子的控制。于是妈妈就这样轻而易举地实施了对孩子的精神控制。

在这句话的威胁中成长的孩子往往既不会表达愤怒，也不怎么会表达爱。他经常压抑自己的愤怒和感情，习惯于以别人的标准要求自己，而且不敢和妈妈做直接的交流，因为交流之前他们的脑海中就已经浮现出了妈妈大怒的样子。

常把这句话挂在嘴边的妈妈们请好好反思一下，“都是为孩子好”真的是为孩子好吗？你真的确定你为孩子选择的就是最好的吗？你是不是用这句话扼杀了自己孩子原本存在无限可能的人生？妈妈们一定要时刻提醒自己，不要用爱限定孩子的人生道路，孩子的生活要孩子自己去创造。哪怕他们在生活中走了弯路，撞了满头包，那也是他们生活的一部分，这些经历会让他们自己的人生更加富有激情，而且妈妈们不妨放松一下自己的心情这样想：“也许孩子选择的人生比我设定的要辉煌得多。”

封闭的爱会封住孩子的路

在一个访谈节目中，中国台湾的舞后比莉讲起了在培养孩子的过程中，自己总是处于希望孩子快点儿长大，但又害怕孩子长大的矛盾心态中。比莉回忆说儿子小的时候，有一次送他去上学，正准备出门的时候，儿子堵在门口对她说：“妈妈，以后不要再送我上学了，我都上初中了，同学们都没有让爸妈送了！”听了儿子的这句话，比莉恍然大悟，她意识到儿子已经长大了，要放手让他自己去面对人生了。说到这里，比莉笑着对主持人说：“其实我真舍不得让他长大！”

相信每个妈妈都有着和比莉一样的感受，一方面盼望着孩子快点儿长大，但是想到孩子长大后就离开自己，又开始舍不得他们长大，妈妈们多么希望孩子永远都这样天真无邪，单纯可爱，永远生活在我们的羽翼下，让我们永远拥有他，不要离开我们视野。妈妈们的心灵深处大多会有这样的恐惧，害怕孩子长大独立，害怕孩子与自己分离。

所以，即使妈妈已经认识到了自己对孩子的这种“爱”是密不透风的，它会让日益成长的孩子受不了，甚至会使他们变得越来越糟糕，妈妈还是会不自觉地要给予孩子过多的爱护和管教。

当孩子越来越大、越来越独立、越来越渴望自己为自己做主时，妈妈就会感知巨大的分离焦虑，产生失落感。妈妈的内心很害怕孩子长大离开自己，于是有些妈妈会有意或无意地阻碍孩子成长。

很多妈妈总是喜欢为孩子做事，了解孩子的想法，希望用这种方法来感知孩子仍然依赖着自己，消除自己害怕孩子长大的心理。这样的爱看似是对孩子的宠爱和负责，其实是妈妈的一种自私心理，为的是满足妈妈自己的安全感，如此自私的爱，不能算是真爱。孩子长大是必然，没有任何一个妈妈能够把孩子绑在自己的身边一辈子，即使把他绑住了，那也是对他巨大的伤害。

孩子长大了，必然会渴望独立的空间，希望能伸展拳脚，尝试自己的力量，这是一个生命成长的必然规律。妈妈们不要一厢情愿地认为孩子是一个永远不懂事、永远不知道该怎么做事的小孩子，其实你没必要为孩子的所有事情操心，不要总是像对待一个两岁的孩子一样去对待已经长大的孩子，这是对孩子无形的伤害。

一个合格的妈妈必须舍得孩子长大，不能因为舍不得孩子离开自己就把他牢牢地圈在自己爱的包围圈里，这对孩子是错误的爱，想做一个好妈妈，就必须允许孩子与自己分离。要知道，不管妈妈的怀抱多么温暖，如果孩子自己没有一双强健的翅膀，那么妈妈不在身边时他就无法飞翔。不管妈妈的肩膀多么结实，如果孩子自己没有站立的力量，妈妈老去时他就无法独立行走于世间。所以一个合格的妈妈应该运用自己的智慧和能力训练孩子，让他成为一个能够独立面对世界的人。

妈妈要牢记：母爱是为了分离的爱

曾经有人说过：世界上所有的爱都是为了在一起，只有一种爱的目的是为了分离，这种爱就是——母爱。在动物世界里，每一个母亲在孩子该自立的时候都会把它们赶出家门，让它们独立生活。目的是让它们真正地长大，开辟自己的生活。

人类亦如此。从怀胎十月，宝宝从妈妈的肚子里出来，到宝宝断奶、和妈妈分床睡，再到3岁上幼儿园、7岁上小学，接着读初中和高中，然后直到有一天，孩子去了另一座城市读大学，或是出国留学。等到完成学业以后，孩子就开始拥有自己的事业，组建自己的家庭。对妈妈来说，这就是孩子一步步离开自己的过程，也是孩子一步步成熟、自立的过程。妈妈是以保护的心态把孩子完全护佑在自己的臂弯里，还是以开放的心态鼓励孩子追求自我，对孩子的成长至关重要。

人们无时无刻不处在一个社会环境中，这就构成了人们社会交往中的人际关系。如果一个孩子无法适应他所在的环境，无法构建良好的人际关系，他不但不能正常地发挥自己的潜能，更不会根据环境调节自己，从而出现环境失调，即因无法适应环境出现种种生理或心理异常。出现这种问题的孩子，多数都能从童年时期妈妈的养育方式里找到根源。

张先生是一家企业的人事经理。一天，他在面试新员工的时候，遇见了这样一件“匪夷所思”的事：一个22岁的大四男孩，竟然带着妈妈一起来面试。这个男孩一米八几的个子，看起来又高又壮，却格外腼腆，始终低着头，不敢直面张先生。

男孩的妈妈把简历给了张先生，然后开始为张先生“推荐”起她的孩子来。张先生几次想问这个男孩问题，都被男孩的妈妈“抢答”了。无奈之下，张先生只能摇了摇头，把男孩和他的妈妈一同请出了房间。

妈妈总是喜欢在孩子正在努力把事情做好的时候，费尽心思地去帮孩子，这其实是孩子发展时期最大的障碍。最简单的一个例子是，在孩子两三岁、开始学习自理的时候，妈妈们会给孩子梳洗、穿衣服，不让孩子自己动手学习，殊不知，这样就等于无情地剥夺了孩子的自主权。到处都设置条条框框、告诉孩子不能打破或者弄脏家里的东西、不能接触这个那个，这样一来，孩子就没有机会练习控制自己的身体，不能学习使用日常生活中的物品，不能遵循好奇心去探索新鲜的事物，许多学习必要生活经验的机会就这样无情地被剥夺了。

如果想要孩子健康地成长，妈妈们就要给孩子一个与孩子年龄相符、释放孩子精力的同时又配合他们心理发展的环境，给孩子充分的自由，让孩子自在成长，这样孩子将来才可能大有作为。

需要注意的是，给孩子充分的自由，并不等同于对孩子不闻不问、听之任之。给孩子自由，但也不能忽略孩子所犯的每一个错误。妈妈们应该尽可能让孩子自然地成活与成长，提供给他成长所需要的，找出避免他犯错误的方法，在他犯错误后及时帮他总结经验教训。要知道，一个优秀的妈妈，不是要包办孩子大小一切事务，而是要告诉孩子生活的经验，然后让孩子独自去尝试、去感受、去总结，这无论是对孩子的成长，还是对维系妈妈与孩子间的亲密关系，都大有裨益。

父爱，不可缺席与代替

母爱父爱大不同

一个幼儿园开了这样一次班会，主题是“假如我有一把锁……”其中有个孩子这样回答：“我想锁住爸爸的车、手机、电脑，这样爸爸就能和我一起玩儿了。”

一位医生爸爸曾经满怀愧疚地说：“儿子今年5岁了，但是我觉得我欠儿子好多！有一次，我好不容易抽出时间跟儿子一起去野营，回家的时候儿子高兴地抱着我说：‘爸爸，我今天特别开心！我也当了探险家，再也不用被隔壁的明明笑话了！’儿子很开心，但是我的心里却很难受。因为我工作忙，在家的时间很少，儿子连小男孩最喜欢的打仗游戏都很少玩儿，也没有机会去爬上爬下，因为妻子害怕孩子受伤。”

中国家庭的传统模式是“男主外、女主内”，很多家庭都是父亲在外赚钱养家，教育孩子的重任落在母亲一个人肩上。实际上，父亲在家庭教育中的作用同样重要。近几年，在家庭教育领域，“父性教育”越来越受到关注。

什么是“父性教育”呢?“父性教育”就是对孩子提供充满父亲角色特性的教育，也就是主要是由父亲来实施的体现父亲人格特征的家庭教育。专家们强调，“父性教育”和“母性教育”有机结合才是完整的家庭教育。

如果说母爱像水一样温柔，那么父爱就像山一样刚毅，父亲是勇敢、果断、坚强、豁达的代表。父亲胆子大，能够保护孩子的探索欲和好奇心，而母亲则更倾向于安全不冒险的活动。不过，不冒险也意味着缺少创造性，因此母爱和父爱对幼儿的智力影响是有差异的。孩子从母亲那里接受的大多是语言、物品用途和艺术性等方面的知识，而父亲则通过与孩子一起发明更多的活动方式给予他们更广阔的知识，大大提高孩子的动手能力、创新意识，促进孩子求知欲、好奇心的发展。

家庭教育中，父亲的参与对男孩形成男性气质起到决定性作用。男孩会通过仔细观察父亲的行为来形成自己的价值观。如果父亲不尊重妻子，经常发火，儿子也会对母亲和其他女性采取同样的态度；如果父亲酗酒，儿子以后也很容易成为一个“酒鬼”。如果父亲在家中能够成为一个很好的榜样让孩子效仿，这会比责骂、惩罚和哄骗等手段有效得多。所以，如果希望自己的儿子成长为一个有用的人，作为父亲不仅要诚实可信、自律、关心他人，同时还要用心经营自己的家庭，起到一个丈夫和父亲应有的作用，积极发挥父亲在家庭教育中的影响力。

“儿子需要父亲做榜样，那么女儿有妈妈做榜样就可以了，有女儿的爸爸就可以无事一身轻了。”是这样的吗？实际上，父爱对于女儿同样不可或缺。父亲对女儿的影响主要表现在自信心上。这可能是因为父亲对女儿评价往往不多，表达方式也与母亲不同，所以女儿似乎更看重父亲的赞赏。如果父亲经常夸奖自己的女儿漂亮、优秀，女儿就会不知不觉自信起来；如果父亲总是认为女儿很不起眼，或经常夸奖其他的女孩，那么孩子就会变得自卑。

很多父亲还有这样的错误想法：“孩子还小，妈妈先照顾，他长大之后我再教育也不迟。”事实上，出生 6 周的婴儿就能分辨出父亲与母亲说话时的差别；当他们开始说话时，一般会先喊“爸爸”；开始学步的幼儿往往会去寻找自己的父亲；宝宝在电话里听到爸爸的声音也会感到惊喜；10 岁后的孩子则会通过与父亲竞争、挑战父亲表达自己对父亲的需要；当父亲离别或者去世时，孩子们会发现自己对父爱的需要是那么强烈并持久不变。

因此，每个父亲应该充分认识到自己在子女成长过程中的特殊作用，给予孩子更多的关心、理解，建立良好的亲子关系，为孩子树立好的榜样。作为母亲，更应关心自己的丈夫是否能给予孩子适当、恰当的父爱。毕竟，只有当母爱和父爱两股洪流同时注入孩子的心智时，孩子才更有可能长成一个健康的人。

教出坏孩子，爸爸责任大

家庭是孩子生活的第一个场所，家长是孩子学习的第一任教师，而且是终身的教师。培养孩子是所有父母义不容辞的责任。美国耶鲁大学科学家的研究成果表明，由爸爸带大的孩子更容易成功，他们的智商会更高，更主要的是他们在遇到问题时表现出的冷静与智慧。爸爸通常具有独立、自信、勇敢、坚强、开朗、大方等个性特征，孩子在与爸爸的不断交往中，既能潜移默化地感受着父爱，又能模仿、学习爸爸的言谈举止，从而形成做事果断干脆、思维反应迅速等特质和勇敢坚强的好品质。再有，爸爸会更多地与孩子玩儿运动量大而刺激的游戏，令孩子充分感受到新鲜和刺激的感觉，这有助于培养孩子探索和冒险精神。但是，如果在孩子成长的过程中缺失了父爱，那么很可能就会给孩子带来不可逆转的负面影响。

“我儿子今年8岁，他爸经常出差，一出去就是十天半个月，不出差的时候还有很多应酬，很晚才回家，回来时通常儿子都睡着了。早晨，要么儿子先起来上学了，他爸还睡着呢；要不他爸就已经出门了，真正坐在一起的时间很少。现在，儿子明显和他爸疏远了，觉得爸爸在不在都无所谓，我们也很无奈。”一个男孩的妈妈说。

美国心理学家通过调查发现，那些没有得到足够父爱的孩子情感障碍十分突出，出现焦虑、孤独、任性、多动、依赖、自尊心低下、自制力弱、攻击性强等行为缺陷的现象较为普遍，甚至与孩子成年后的不良生活习惯都有一定关系。心理学家据此提出了“缺乏父爱综合征”这一概念。

“缺乏父爱综合征”是由于父爱缺失，也即因父母离异、父亲长年不在家或者虽然在家但是极少关注孩子，致使他缺乏父爱而带来的一种分离性焦虑，这种分离性焦虑的表现多种多样，轻度的表现为胆小、焦虑等情绪性症状，严重的甚至会导致自主神经功能紊乱，表现出心悸、头晕，甚至昏厥等生理性症状。此外，患有“缺乏父爱综合征”的孩子成年后出现神经质、精神病或人格障碍等心理疾病的比率以及犯罪自杀率均比其他孩子偏高，并且有可能影响孩子成年后正确地处理两性关系，导致不幸的婚姻生活。

可见，爸爸在教育孩子中所扮演的角色是极为重要且不可替代的。孩子出现行为或心理问题，爸爸有着不可推卸的责任。为了避免孩子在成长过程中出现这些不必要的麻烦，让孩子有一个温馨和美的成长环境，爸爸还是应当多参与到孩子的教育中来，与孩子共同成长，共同发展。

一个向左一个向右——教育的大忌

只有一只手表，可以知道时间；拥有两只或更多的表，却无法确定几点。更多钟表并不能告诉人们更准确的时间，反而会让看表的人失去时间准确的信心。这就是心理学上有名的“手表定律”，它所表明的一个事实是——在做一件事情的时候，只能有一个指导原则和价值取向，否则就会令人无所适从，更加混乱。

为了让孩子更好地成长，家长在养育和教育孩子的过程中就更要注意避免“手表定律”发生。简单来说，就是在对待孩子的问题上，家人的观点和态度要保持一致，不能一个向左一个向右，例如总是给孩子设定两个截然相反的目标，提出两种完全不同的要求等。这样矛盾的教育会使孩子无所适从，无法形成自己独特的价值体系，甚至行为上陷入混乱。这种不一致的态度，可以说是教育的大忌。

琳琳的爸爸是一家大型公司的部门经理，妈妈是医院的主任医师，家境富裕，条件优越。可是，几乎每天，爸爸妈妈都要因为她的教育问题而发生争执。因为妈妈总是认为，琳琳只要好好学习就可以了，不用做家务。但是爸爸却认为，好好学习是应该的，但是也该有适当的放松。妈妈还总是向琳琳灌输做人要有心计的思想，而爸爸则教育孩子要善良、诚实。

于是，琳琳家中就常常发生下面类似的场景：

6点半左右，琳琳吃过晚饭，问爸爸能不能看一会儿《猫和老鼠》再写作业。爸爸觉得很正常，同意了。可琳琳遥控器刚拿到手，电视还没开，妈妈一把就抢了过去，说："还不快写作业、看书！"

爸爸和妈妈对于琳琳的教育始终持不同的观点，时间长了，琳琳常感到无所适从。

有一次，爸爸和妈妈又因为琳琳的教育问题吵了起来，爸爸说了妈妈几句，刚好妈妈手里拿着一个牙签盒，脾气火暴的她一听爸爸说自己不对，手上的盒子就朝爸爸砸了过去。牙签撒得到处都是，琳琳着实被妈妈的举动吓了一跳。

从那之后，慢慢地，琳琳越来越沉默，在家的时候半天不说一句话，而且经常把自己关在房间里。她的脸上很少有笑容，上课时常常注意力不集中，成绩也由名列前茅退到了中后的位置。

琳琳面对父母截然相反的教育方式，最终自己也不知道该听谁的。孩子本身还不完全具有明确的是非观念，如果父母意见不一，孩子无所适从，很自然地倾向于保护他们的一方，那么持正确观点的一方所做的努力也就完全无济于事了，还会导致孩子亲一方、疏一方。

在家庭里，教育子女是父母的共同责任。但是，在履行责任的过程中，时常会发生种种矛盾，其中最明显、最突出的就是父母教育孩子的口径不统一。孩子有本能的自我保护心理，他们会利用父母对自己行为品质的态度不一这一点，去寻找有利于自己的保护。父母意见不一，就非常容易强化这种心理，使家庭教育效果大打折扣。

因此，家人在孩子面前，一定要保持“统一战线”。即便就某个问题出现了分歧，也不能当着孩子的面起争执，要尊重对方的意见，耐心平静地商量，互相理解和忍让，从而达成一致意见，而不能随意损坏对方的形象，给孩子留下不好的印象。毕竟，只有首先让孩子尊重家长，家长才能与孩子成为朋友，从而更好地引导孩子的成长。

别把严格与粗暴画等号

严格不是粗暴的遮羞布

过度的溺爱是害孩子，而过度严厉同样也是在害孩子。妈妈对孩子提出比较高的、比较严格的要求是必要的，但应当把握好“度”。

如果妈妈期望过高的话，就有可能会适得其反，这时孩子会觉得自己无论怎样努力也达不到妈妈的要求，无论怎样努力都是失败，渐渐地就会失去信心，对自己的能力产生了怀疑，有些极端的孩子干脆来个“死猪不怕开水烫”，反正无论如何都达不到要求，索性主动弃权，自暴自弃。

有一个小学四年级学生，是班里的学习委员，老师心目中的“尖子生”。但妈妈对她的期望过高、要求过严，要求她每门功课必须在98分以上。有时她考了95分，虽然在班里名列前茅，妈妈却仍不满意，对她严厉批评。在妈妈的严厉管教下，她的心理压力越来越大。渐渐地，她便感到力不从心、疲惫不堪，学习成绩明显下降，对学习也产生了厌倦，开始喜欢上了逃课，当老师找到她时，她蜷缩在路边，十分恐惧，并且哀求老师不要把她送回家去，她害怕回家面对严厉的妈妈。

慈母败子的错处在于让孩子的自我意识无限地扩张，而严母毁子的错处在于让孩子的自我意识无限地萎缩。妈妈过于严厉，不仅对孩子的身心发展有危害，还会影响孩子的价值观。如果妈妈对孩子管教过于严苛，对孩子没有耐心，容易暴怒、动辄体罚，就会适得其反。孩子在这样的环境中长大就会潜意识中把暴力植入自己的大脑，以为这就是解决问题的方法，久而久之就养成了崇尚武力解决一切的习惯，严重阻碍孩子的身心健康发展。

曾有位心理学家介绍过这样一起个案：有个妈妈总觉得7岁的女儿动作慢，对女儿横竖看不顺眼，经常打骂孩子，发展到后来，几乎每天都要打女儿。女儿看上去是个非常聪明伶俐的小姑娘，当他问这个小姑娘妈妈为什么要打她时，她一边怯怯地看着妈妈，一边不好意思地说是自己表现不好，老说妈妈不喜欢听的“脏”字。他扭过头来再问女孩的妈妈，这个妈妈则毫不在乎地说：“她的缺点太多了，现在对她严格一点儿，将来她才能更好。”

接着，他拿出了一张纸，让女孩画出她心目中的爸爸和妈妈。女孩三下两下就画好了。画上的妈妈没有耳朵、眼睛很小。问她为什么妈妈是那样的形象，女孩解释说，她害怕妈妈，希望妈妈永远也看不见听不见她的“坏”行为。

这个妈妈打着对孩子“严格教育”的幌子，实则是对孩子身体和心灵的粗暴虐待。严格不是粗暴的遮羞布，诚然每位妈妈都希望自己的孩子能与众不同、出人头地，但也要量力而为，不要强求孩子做超出他能力范围的事，更不要拿一把标尺去衡量他。毕竟，每个孩子的心理素质和自身能力是不同的，妈妈应当根据孩子的实际能力和水平，提出适当的要求。妈妈应该知道，孩子的成功与否并不是最重要的，快快乐乐地成长、幸幸福福地生活才是生命的真谛。

精神暴力比肢体暴力更可怕

上海市一次中小学生心理问题的调查显示，约有20%的学生存在着心理问题。各种心理障碍中，神经症状的比例最大，占42%。在辽宁，1.7万中学生心理素质检测表明：心理异常的比率高达35%，心理疾病的比率达5.3%。具体反映到行为上，主要表现为厌学、出走、自杀、早恋、打架、骂人等。

孩子的心理问题，无不可以上溯到家长对孩子造成的精神压力上。如今的年轻父母对子女不再有长辈那种“棍棒之下出孝子”的陈旧观念，靠体罚孩子而达到家教目的的做法，已被大多数父母放弃。但是，一些年轻父母因望子成龙心切，或有意，或无意，采取讽刺、挖苦、揭短等手段，对孩子造成了程度不同的精神伤害。这种行为，其实是一种精神上的暴力虐待。

“你看人家小玲，家长什么都不用管，她一回家就自己学习，年年拿奖状，你倒好，给你买这买那，你什么时候拿过一张奖状给我们看看？怎么我们就不能摊上一个好孩子呢？”

“多大一点儿孩子，还跟我们谈隐私，你小时候吃喝拉撒睡都是我一手照料的，现在看一看你的日记，了解一下你的思想状况，犯得着这样大吵大闹吗？你有没有一点儿尊重父母的意识？”

说这些话的家长，思考过已经在学习上感到挫败的孩子此时对家长的期待吗？思考过开始懂得羞怯、开始总结自己的生活的孩子此时对家长的期待吗？有没有意识过你正在对其施虐呢？

人们提起虐待孩子时，往往会认为体罚才算虐待孩子，而忽视了情感上的虐待。所谓精神虐待，指的是危害或妨碍儿童情绪或智力发展，对儿童自尊心造成损害的长期重复行为或态度，如拒绝、漠不关心、批评、隔离或恐吓，最常见的形式是辱骂或贬低孩子，如当孩子犯错误做错事后用污辱性言语指责他们；对孩子的话不信任，总是把坏事想到孩子的头上；将自己孩子的缺点和别人孩子的优点相比，让孩子自惭形秽，看不到自己的优点等。

6岁的小明很喜欢咬指甲。他的母亲看了很生气，用尽了各种方法来纠正小明，小明还是改不掉坏习惯。小明的母亲暴跳如雷，每次一看到小明咬指甲，她就大声骂道：“如果你再咬指甲，妈妈就离开这个家，不要你了。”小明吓得哭了，很怕妈妈真的离开他。他每天做噩梦，梦见妈妈丢下他。

可见，精神上的暴力虐待同肢体上的暴力虐待一样可怕，对孩子的负面影响也越深。心理学家指出，幼年受过精神虐待的孩子，成年后会出现较多的心理与行为障碍及个性弱点，难以适应社会。孩子入学后，性格孤僻内向，敏感易怒，很难与同学相处，在班级中极易成为不受欢迎的人，不能很好地处理人际关系，还容易出现反社会行为。

管教孩子是天下父母的重任，是一门学问，同时它也是成为一位好妈妈的必修课。要避免出现精神上的暴力，父母们首先要具备一个稳定的心理状态，要学习如何稳定自己的情绪，尤其是面对犯错误的孩子，切莫要怒不择言。

其次，父母要学习使用正面鼓励的语言与孩子沟通，把孩子当作与自己一样有思想、有情感的人，尊重孩子的人格，以平等的、朋友式的言语与他们交流，切莫高高在上，随意训斥。

再有，父母要学习如何在日常生活中，多运用身体语言以促进亲子关系；用以身作则的方法去强调和坚持某些基本的人生准则，这比用语言向孩子灌输效果要好得多。切莫禁止孩子不做的，自己却我行我素地做，要求孩子做的，自己却不做。

最后，要懂得接纳孩子。即使孩子犯了错误，也要严守“对事不对人”的原则，让孩子知道家门永远为他而开，父母永远是关心他、爱护他的。

粗暴是毁掉亲子关系的“刽子手”

我国自古以来，家长对孩子最拿手的教育方法就是打。“打是亲骂是爱”“树不修不成料，儿不打不成才”“棍棒底下出孝子”，这些都是代代传下的教子经验。孩子犯了错，一些脾气暴躁的家长在恨铁不成钢的恼火下，失去理智地对孩子进行打骂，想以此来促使孩子改正错误。然而，这种粗暴的教育方法，真的能见成效吗？

10岁的萌萌特别不喜欢在家里待着，因为他的妈妈总是在未经他同意的情况下就扔掉他的玩具和画报。如果他有什么问题想问妈妈，妈妈就会以“没时间”为借口拒绝回答，如果萌萌还是坚持要问的话，那多数情况下就会招来妈妈一顿厌恶的斥责，如“你怎么这么笨”“怎么这么大了还一点儿脑子都没有”。要是萌萌再反抗下去，就会招来体罚。

家长打骂孩子，其目的是想使孩子克服缺点、纠正错误，帮助他们分清是非，明确努力的方向。但是，打骂本身并没有指明什么样的行为是正确的、应该的，起不了教育作用，随之而来的却常常是儿童的消极情绪。在父母的打骂下，性格倔强的孩子容易产生抵抗情绪，产生对父母的对立、怨恨情绪，也容易在家长的影响下变得性情暴躁，行为粗野，对同学和伙伴也常以拳脚相向；性格怯弱的孩子则会产生恐惧心理，在父母面前唯唯诺诺，胆小怕事，没有主见，只有服从；而灵活的孩子常用欺骗、说谎的办法来逃避父母的训斥、责打。

打骂这种粗暴的教育方法，不但不能达到家长的教育目的，而且会使孩子形成说谎、冷漠、孤僻、仇视、攻击等心理问题，而这往往会成为日后不良行为甚至走上犯罪道路的根源。在孩子小的时候，他可能会因父母的粗暴态度而产生较深的情感刺激，引起心理变态；如果是较成熟的青少年，则会因父母的粗暴态度，对其形成永久的仇视，视双亲为路人。

有个男孩曾经在周记里写道：“每当我看见其他同学高兴地和爸爸一起时，我就更加恨我爸爸，因为他经常无缘无故地打我、骂我，特别是他打麻将输了的时候，我得躲进房间把门反锁才能躲过一劫。有时候我真想自己睡醒后手里有一把枪，那样，我就可以摆脱这种痛苦的日子了。”

孩子为什么会有这样的想法，父母们自然能明白。可见，经常打骂孩子，对孩子的心理健康会造成多大的障碍。刚开始时，孩子可能还会慑于父母的权威而服从，时间一长，就会变为不理不睬，甚至反抗、犟嘴，对父母不尊重。到了这个地步，父母再怎么教育，孩子都不会再听话了。

可见，粗暴是毁掉亲子关系的“刽子手”。孩子认识世界是从父母身上开始的，如果父母运用适当的方法去教育孩子，孩子会乐意接受，但父母若采用简单粗暴的打骂方式，就会使孩子幼小的心灵蒙上阴影，觉得这世界很可怕，父母不可亲，进而渐渐地与父母感情上疏远，情绪上对立，不愿对父母说心里话，甚至看不起、仇视家长，怀疑自己是否为父母亲生。这样一来，父母与孩子之间的亲情也就一并被毁掉了。

社会规范影响孩子的心理走向

让孩子尽早了解一些社会规则

> 轩轩刚上初中一年级，一天下午放学，他跟同学们一起过马路。他们一边说笑一边走上斑马线，然后发现是红灯。这时候，不知是谁先起的头，一群人直接就朝路对面走去，忽视了红灯。轩轩愣了一下，觉得这样做不太好，似乎不应该闯红灯，但看到两边都没有车过来，他就觉得没什么事情，跟着大家一起往前走。谁知，就在他们走到路中间的时候，从右边驶来了一辆小轿车，由于速度很快，大家都没有看到，小车司机赶紧刹车，但已经晚了，车头一下子就撞在了轩轩和旁边的同学身上。事后，轩轩被送到了医院，所幸没有受太严重的伤。不过，从那以后，轩轩知道了，无论什么时候，都一定要遵守规则。

轩轩是很幸运的，如果他不幸运，这样的车祸不知道会出现多严重的后果！其实，生活中，不遵守规则的现象比比皆是，很多交通事故都是因为一两个人不遵守规则造成的。

我们都知道，规则和秩序是社会公共生活的基本准则，没有它们，任何的社会活动都无法正常开展。一般来讲，规则秩序有两种形式。一是并没有明文规定，只是人们在长期公共生活中形成的道德经验和行为习惯，也就是一些约定俗成、共同认可和遵守的行为规范。例如乘车购物时按顺序排队，在电影院、图书馆不大声喧哗等。二是有明文规定的，也就是社会公共生活中的公约、规则、规章、纪律。例如交通规则、公园游人须知、学校学生守则等。这些通常都带有一定的强制性，有些甚至与法律法规相衔接。

按规则办事，遵守规则是全人类都应该学会的基本准则，只有大家都遵守规则，才能保证整个社会的和谐，如果每个人只从自身利益出发，不遵守规则，那么这世界将永无宁日。孩子正处于培养和初步检验规则的黄金时期，如果没有及时地培养他遵守规则的意识，那么他将来的生活会因此受到很大影响。因此，对孩子的规则意识培养，一定要尽早、尽快。那么，父母该如何培养孩子的规则意识呢？

1. 多讲规则的作用

家长要多给孩子讲解规则的作用，让孩子了解规则无处不在，规则能保证人们更好地生活。例如，人们应该遵守交通规则、游戏规则、竞赛规则等。

2. 养成遵守规则的行为习惯

在家里，家长可以为孩子制定一些简单规则并让孩子执行。例如，物品用完后要放回原处，出门时要和家人打招呼等。

3. 培养执行规则的技能

有时候，孩子具备了一定的规则意识，但还是会违规。例如，穿衣服、洗漱的时候动作太慢，不得要领等。这个时候家长就要教给孩子正确做事的方法，培养孩子的自理能力，提高其生活技能。

4. 培养自律精神

一般来说，他人制定的规则是强加的，属外力约束，而自己制定的规则有内省的成分，更易于自律。因此，家长不妨和孩子一起商量制定一些家庭内部的规则，以方便大家共同遵守。例如，进别人房间之前要先敲门，玩儿游戏的时候要按规则决定胜负等。

5. 适龄的教育

针对不同年龄段孩子的肌肉发展情况，给孩子制定一些符合其年龄段的规则，而不能制定超出其能力的任务。例如，让 1 岁的宝宝系鞋带就有些超出他的能力范围。应根据宝宝的能力来分别设定规则，让他有能力完成，并增强自信。

6. 设立具体可操作性的基本规则

家长可以在家中为孩子制定一些基本的饮食、作息、行为和品德规则，让孩子在潜移默化中形成良好的规则习惯。

7. 培养孩子的责任感

负有责任感的孩子更容易遵守规则。因此，让孩子做力所能及的家务，对孩子主动帮助大人等自理行为给以鼓励和表扬，让孩子认识到自己的责任，有助于孩子规则意识的培养。

规则一旦建立就要执行，如果孩子触犯了规则，父母不能心疼孩子，一定要按照事先说好的惩罚办法来履行才行。只有这样，才能让孩子明白，他必须为触犯规则负责，由此也就能培养孩子认真对待和履行规则的意识了。

孩子的第一个“小社会”——幼儿园

一位儿童教育家讲述了他见到的一件事情：

3岁的天天是朋友的小侄女，在她开始上幼儿园的时候，家人遇到了问题。原来，从上幼儿园的第一天开始，天天就不愿意去，最开始两次送去的时候，老师都是掰开她抓着妈妈的手把她抱进去的。而下午去接她的时候，就会发现她小眼睛红红的，似乎哭了好久。后来的几天，天天干脆就不出门了，害怕上幼儿园。有时候夜里惊醒了，她还会不住地念叨着：“我不要去幼儿园，我不要去幼儿园。”

天天的妈妈很着急，她跑来问我怎么办。我问她孩子在入园前做好了准备没有，她回答说没有。我说：“没有做任何的准备工作，就贸然把孩子送到幼儿园里，孩子一下子来到一个陌生的地方，看不到爸爸妈妈了，周围还都是陌生的人，她心里一定很恐慌，会很害怕，当然会希望不再来这个地方，而是待在妈妈身边了。”

对幼儿来说，上幼儿园，是其人生中的重大转折。俗话说：好的开始，是成功的一半。幼儿园应该算是孩子迈进社会的第一步，是孩子的第一个“小社会”。进入幼儿园，就意味着孩子到了一个陌生的相对大的社会环境里，这对小孩儿的心理影响非常大。在幼儿园的这段时期，本就活泼开朗的孩子，或许可以很好地跟人交往，性格进一步完善，变得积极乐观；胆小、内向的孩子或许会适应不了这样的大环境而变得更加沉默，但也或许会因为跟其他孩子的相处而变得开朗、健谈。所有这些，对孩子来说，都是一个大转折，是孩子在家庭中无法接触、难以认知到的。因此，父母一定要重视孩子上幼儿园的过程。

对某些家长来说，让孩子上幼儿园是一场“战争”，因为孩子会一个劲儿地排斥，想尽各种办法不去幼儿园，看着孩子哭红的眼睛，很多家长都会于心不忍。实际上，幼儿园并非真的会让孩子感到害怕和不安，之所以不愿意去，是因为父母没有给孩子准备好。

上幼儿园也需要准备。对父母来说，去幼儿园似乎是很简单的一件事情，但对孩子来说，却是一件大事。孩子要面对的人从自己家里人变成了同龄的宝宝和老师；孩子以前和父母一起的家庭生活将变成幼儿园里的集体生活，且要被陌生的老师照顾；在幼儿园里的一整天孩子将见不到父母，一下子不知道该跟哪些人玩耍，不知道遇到问题该怎么做……这陌生的一切，对孩子来说，都是一种心灵上的煎熬。由于父母没有提前给孩子做准备，导致孩子完全陌生地进入了幼儿园，这样势必会让孩子一下子接受不了，产生恐惧和不安。

做好入园准备，父母要事先跟孩子说入园的事情。“宝宝长大了，可以上幼儿园了，只有大孩子才可以上幼儿园哦。那里会有很多其他的宝宝，他们会和宝宝一起玩耍，那里还有和善的老师，她是教宝宝本领的。”这样的解释，不仅可以给孩子描述幼儿园的概况，让孩子不至于一下子生疏地进入幼儿园，还可以让孩子在心理上对幼儿园产生向往和好奇，从而不那么排斥幼儿园。此外，在入园之前，父母还可以先带孩子去熟悉一下幼儿园的环境，这个过程可以持续一到两周，让孩子有充分的时间来了解幼儿园，从心理上消除陌生感。与此同时，父母还可以邀请幼儿园的老师来家里做家访，让孩子提前熟悉老师，增加彼此的亲近度。这样，入园后，孩子才不会感到特别陌生和无依靠。做好了这些，父母就可以比较放心地把孩子送到幼儿园里，而孩子也不会由于突然的陌生和害怕而排斥和哭闹不止。或许一开始孩子不太习惯去幼儿园，但他会慢慢接受，并喜欢上这个地方。

与老师常沟通，联手教出好孩子

一位幼儿园老师讲述了她们园内的一个小女孩的故事：

4岁的依依被送进幼儿园的时候，非常懒惰，简直像个“小懒猫”。她什么都不干，就等着我来帮她做。例如开饭的时候，别的孩子都拿着勺子开始吃饭了，她却仍旧坐在那里，一动不动，等着我去喂她；穿衣服的时候也是，非得等着我去帮她穿。不过，我一次都没说过她，而是尽量一切都顺着她，什么都帮她做，让她感觉到我是爱她的，同时我也不会因为她什么都不会做而轻视她。

一段时间之后，依依就适应了幼儿园的生活，这时候，我觉得可以开始培养她的生活自理能力了。我先悄悄地把她领到无人的地方，对她说：“依依，老师觉得你很聪明，会很多本领，比如画画和唱歌，老师想知道你还有别的本领吗？”依依很得意地说：“我还会讲故事，跳舞呢！”我于是继续诱导：“还有呢！”依依想了一下说：“我还会认数字。”我这才慢慢地对依依说：“呀，依依会这么多本领，真厉害！不过，老师今天要教你更多的本领，你想学吗？”“当然想了。”依依很高兴地接受了。于是，接下来，我就用这样诱导的方式逐渐教依依学会了穿衣服、吃饭、叠被子等生活自理的技能。

每次依依独立做好自己的事情后，我都会高兴地夸奖她一番，她自己也因此而兴奋不已。

可是，令我没有想到的是，由于依依的父母很忙，没有时间照顾她，依依整天就和奶奶住在一起。奶奶是个思想传统的老人，总是宠着依依，什么都不让她干，一见到依依要自己做事，就紧张地跑过来阻止，并且大惊小怪的。结果，依依就只能成个“两面人”——在幼儿园里什么都自己干，到了家里什么都不干。这下我又开始担心了，这样下去，依依学会的生活技能怎么能够持久呢？

其实，像依依这样的例子还有很多，很多孩子在上幼儿园之后，自己已经学会了基本的生活自理能力，可以照顾自己的饮食起居。但由于家庭成员故意的“宠爱”，导致孩子在幼儿园和家里不同步。这也暴露出了一个问题，虽然孩子上了幼儿园，但主要的教育任务还是在家庭的，家庭内部对孩子的影响要远远大于幼儿园。因此，父母一定要和幼儿园保持良好的沟通，做好家、园共育。

和老师共同做好孩子的教育工作，父母要定期和老师沟通，了解孩子在园里的情况，特别是孩子的行为习惯、情绪和心理等，千万不要只是简单地问一句“学了什么”就草草了事。此外，在和老师沟通的时候，父母也要有意识地把孩子的一些习惯、爱好、体质等情况告知老师，以便老师更快地了解孩子，有针对性地进行教育培养。当然，老师安排的一些孩子和家庭共同体验的活动和游戏等，父母一定要抽时间参加，这能给孩子支持和鼓励，让孩子感受到爱，从而更加开心地继续在幼儿园里学习。父母还要关注幼儿园的家、园联系栏并且积极地投稿，认真填写每期的家、园联系手册。总之，孩子入园之后，家长的教育重担丝毫没有落下，也不应该落下，孩子的健康成长还需要家长和幼儿园的紧密配合，双方配合得越好，孩子的成长也就越好。

给孩子打一剂不完美的预防针

一天，妈妈和圆圆正在大街上走，忽然一个年轻的小伙子从她们身旁匆匆忙忙地走过去了，而就在他走过她们身边的时候，他屁股后面口袋里掉出一个钱包来，正好掉在妈妈和圆圆面前。那个人似乎一点儿都没发现，一直往前走。妈妈和圆圆赶紧大声喊叫他，但他似乎根本没听见。这时候，圆圆下意识地要伸手去捡那个钱包，但妈妈一下子拉住了她。钱包看起来厚厚的，似乎装着很多钱。妈妈觉得事情不太对，她们喊叫的声音很大，但那个人似乎没听见。没办法，妈妈只好拉着圆圆赶上前面的人，对他说："你的钱包掉在后面了！"只见那个人狠狠地看了她们一眼，捡起钱包很不高兴地走了。这让圆圆惊奇极了，为什么他连一句"谢谢"都不说呢！这时候，妈妈告诉圆圆"这是个骗子，他想让我们捡起钱包，然后他就敲诈我们一笔钱。这就和你在电视上看到的那些骗子骗人的手法是一样的，以后可千万要小心啊"！圆圆听了，懂事地点了点头。从那以后，圆圆就对骗子有了初步的认识，出门在外的时候也知道看好自己的东西了。

社会是不完美的，世界是不完美的，人是不完美的。认识到世界的不完美和社会中的丑恶现象，是孩子认识社会的一个必经环节。要想让自己的孩子从小就拥有正确的价值观和处事观，让孩子认识到社会的不完美和人性的弱点是很有必要的，这一方面可以增强孩子的心理承受力，让其在以后的生活中面对任何情况都能承受；另一方面也有助于孩子自我保护意识的建立，让孩子有意识地学会自我保护，出门在外要小心谨慎。

不过，现实生活中，很多父母却很避讳跟孩子讲世界的不完美。因为希望孩子可以极大限度地拥有快乐，家长下意识地将生活中那些不快乐和阳光的一面从孩子的视线中移开是可以理解的。但家长也应该知道，生活和社会中有些问题是无法避免的，如果在孩子面前处理不好这些问题，极有可能使孩子因不堪重负而患上心理疾病（如抑郁症），甚至造成性格缺陷。如果一个孩子看到的所有事情都是好事，他对世界的整个认知是完美的，那么一旦有一天他身边发生了不完美的事，他就会承受不了，严重时甚至做出极端行为。孩子也是一个独立的个体，虽然年龄很小，但他们也有自己的思考力和辨别力，只要父母正确客观地给他讲解事件的本质，孩子是能够理解的。

家长可以以一种积极严肃的态度来给孩子讲解现实中无法避免的不好现象，就像案例中的妈妈给孩子讲解骗子的骗行一样。例如，自然灾难是人类无法避免的一个“坏事”，对此，家长可以有意识地、适当地让孩子接触一些灾难的画面，不过一定要陪孩子一起观看，看的时候根据画面来给孩子讲解说明。在这个过程中，家长要随时观察孩子的情绪变化，耐心让孩子提出他的疑问，然后以平和的方式跟孩子探讨并且教孩子在危急时刻应该怎样应付。社会阴暗面也是该让孩子知道的一个方面。家长可以有意识地让孩子观看一些法制节目，针对里面的盗窃、行骗、贪污等犯罪现象给孩子讲解相关知识和现实情况。例如，看到贪污的案例，家长就可以先问孩子：“你觉得贪污对不对啊？这个人应不应该拿别人的钱呢？”在孩子回答之后再给孩子讲解，并教给孩子正确的法律观念。

此外，针对故事书中或者电视节目中出现的一些“人性的弱点”或者由于心理疾病导致的犯罪现象，家长也可以以正确的思路给孩子讲解，帮孩子树立正确的价值观和社会准则意识。此外，家长在生活中，也要有意识地保证自己的行为准则符合正确的标准和法律，给孩子做好榜样，这样孩子才更容易形成良好的行为作风和道德品行。

图书在版编目（CIP）数据

教育孩子要懂的心理学 / 万莹编著 .-- 长春 : 吉林文史出版社 , 2019.3（2023.6 重印）

ISBN 978-7-5472-5944-3

Ⅰ . ①教… Ⅱ . ①万… Ⅲ . ①家庭教育—教育心理学 Ⅳ . ① G780

中国版本图书馆 CIP 数据核字 (2019) 第 028476 号

教育孩子要懂的心理学

JIAOYU HAIZI YAODONG DE XINLIXUE

编　　著：万　莹

责任编辑：孙建军　董　芳

出版发行：吉林文史出版社有限责任公司（长春市福祉大路 5788 号出版集团 A 座）

www.jlws.com.cn

印　　刷：三河市燕春印务有限公司

版　　次：2019 年 3 月第 1 版　2023 年 6 月第 8 次印刷

开　　本：145mm × 210mm　1/32

印　　张：8 印张

字　　数：220 千字

书　　号：ISBN 978-7-5472-5944-3

定　　价：38.00 元